Raymond Hemmecke

3,7

Briefe aus einer anderen Welt

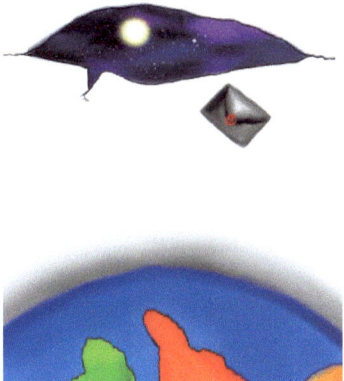

www.tredition.de

© 2020 Raymond Hemmecke
Umschlag, Illustration: Carina Hemmecke

Verlag und Druck: tredition GmbH, Halenreie 40-44, 22359 Hamburg

ISBN
Paperback: 978-3-7323-6635-4
Hardcover: 978-3-7323-6636-1
e-Book: 978-3-7323-6637-8

Das Werk, einschließlich seiner Teile, ist urheberrechtlich geschützt. Jede Verwertung ist ohne Zustimmung des Verlages und des Autors unzulässig. Dies gilt insbesondere für die elektronische oder sonstige Vervielfältigung, Übersetzung, Verbreitung und öffentliche Zugänglichmachung.

Das unglaubliche Hotel

Lieber Erdling,

Du wunderst Dich bestimmt, dass Du heute von mir Post bekommst, stimmt's?! Nun, dann erzähle ich Dir vielleicht besser mal ein wenig von mir. Ich heiße 3,7 und ich lebe mit meinem kleinen Flugdrachen Rudi in einer fernen, fernen Welt namens Pirk, in der sehr vieles anders ist als in Deiner. Was zum Beispiel? Puh! Es gibt so vieles, wo fange ich also an? Gut, hier auf Pirk gibt es zum Beispiel keine Uhren. Naja, zumindest keine Uhren, wie Du sie kennst. Hier gibt es nämlich gar keine Zeit, die man messen könnte. Das geht nicht?! Doch, doch! Auch wenn Du Dir das nicht so leicht vorstellen kannst. Ich habe also gar kein Alter! Weder bin ich ungefähr so alt wie Du, noch wie Deine Eltern, Deine Großeltern oder sonst irgendwer, den Du kennst. Zeit spielt hier keine Rolle. Das ist schon anders als bei Dir, oder?!

Ich lebe mit unendlich vielen anderen Pirks hier auf Pirk. Was sagst Du?! Das geht auch nicht, weil es ja gar nicht soviel Platz gibt? Doch, doch, das geht! Selbst für Dich würden wir hier noch Platz finden! Pirk ist nämlich unendlich groß. Und das ist eine echt coole Sache!

Hier auf Pirk gibt es sogar ein Hotel, das hat unendlich viele Zimmer. Stell Dir das mal vor! Das ist gigantisch. Da gibt es ein Zimmer mit der Nummer 1, ein Zimmer mit der Nummer 2, mit der 3 und so weiter. Wenn man ganz weit den Gang entlangläuft, kommt auch ein Zimmer mit der Nummer 314159265 und noch mit viel größeren Nummern. Es hört einfach nicht auf.

So ein Hotel mit unendlich vielen Zimmern, das ist etwas total Tolles! Einmal gab es hier ein großes Fest und alle Zimmer waren schon mit Gästen belegt. Wirklich alle! Und plötzlich kam noch jemand, der ebenfalls ein Zimmer brauchte. Puh. Was nun? Der konnte ja kaum draußen schlafen. Was denkst Du, was passiert ist? Der freundliche Hotel-Manager Hilbert sagte nur lächelnd: „Kein Problem. Natürlich habe ich noch ein freies Zimmer für Sie!" Häh? Wo soll das denn bitte sein? Alle Zimmer sind doch voll. Aber genau das ist das Tolle an der Unendlichkeit! Da ist so manches anders. Und so hat es funktioniert:

Der Hotel-Manager bat den Gast aus Zimmer 1, ins Zimmer 2 umzuziehen. Den Gast aus Zimmer 2 bat er, ins Zimmer 3 umzuziehen und so weiter. Jeder Gast sollte in das Zimmer gehen, dessen Nummer um 1 größer war als seine bisherige Zimmernummer. So hatte jeder Gast jetzt ein neues Zimmer. Durch diesen kleinen Trick war aber das Zimmer 1 frei geworden und so konnte sich der unerwartete Gast ebenfalls auf ein gemütliches Bett freuen.

Was?! Du bist der Meinung, das funktioniert gar nicht, weil der Gast aus dem letzten Zimmer gar kein neues Zimmer bekommen hat?! Doch, doch! In dem unendlich großen Hotel gibt es nämlich gar kein letztes Zimmer! Es geht immer weiter. Die Zimmerreihe hört einfach nicht auf. Und hinter jedem Zimmer kommt noch eins! Und das hat wieder eine um 1 größere Zimmernummer. Und dahinter kommt noch ein Zimmer. Und so weiter. Unendlich fort.

Sowas funktioniert natürlich nur in dem Hotel hier auf Pirk. Da, wo Du wohnst, haben die Hotels keine unendlich vielen Zimmer. Wenn da das Hotel voll ist, ist es voll. Dann kann der neue Gast schauen, wo er schlafen wird. In diesem Hotel sicherlich nicht.

Nach dem einen unerwarteten Gast kamen hier auf Pirk dann noch ein paar kleinere Gruppen mit 4, 20 und 117 Gästen. Aber immer wieder bat der Hotel-Manager die Gäste, in ein Zimmer mit einer höheren Nummer umzuziehen und schon waren genügend viele Zimmer für die neuen Gäste frei. (Es ist schon gut, dass es hier keine Zeit gibt, die man durch diese ständige Umzieherei verplempern würde.) Alle Zimmerwünsche ließen sich also recht leicht erfüllen.

Aber dann kam plötzlich ein Reisebus mit unendlich vielen Leuten, die noch ein Zimmer zum Schlafen wünschten. Puh! Jetzt war guter Rat teuer. Aber unglaublich! Der Hotel-Manager Hilbert lächelte nur und sagte: „Herzlich Willkommen in unserem schönen Hotel! Ich werde Ihre Zimmer vorbereiten." Und so ging er zu seinen Gästen und bat den Gast im Zimmer 1, ins Zimmer 2 zu ziehen, der Gast aus Zimmer 2 sollte ins Zimmer 4, der aus Zimmer 3 ins Zimmer 6 und so weiter. Jeder Gast sollte in das Zimmer mit der Nummer ziehen, die genau doppelt so groß war wie seine bisherige Zimmernummer. Das war vielleicht ein Durcheinander, sag ich Dir! Aber dann waren alle bisherigen Gäste in ihren neuen Zimmern mit den Nummern 2, 4, 6, 8, 10, 12, ... untergekommen und die Zimmer mit den Nummern 1, 3, 5, 7, 9, 11, 13, ... waren frei für die unendlich vielen neuen Gäste, die diese Zimmer nacheinander belegten. Der Erste ging in das Zimmer mit der Nummer 1, der Nächste in das mit der 3, der Nächste in das mit der 5 und so weiter. Jeder neue Gast ging in ein Zimmer, dessen Nummer um genau 2 größer war als das, was sein Mitreisender vor ihm gerade bezogen hatte. Und so hat doch tatsächlich jeder der unendlich vielen neuen Gäste ein Zimmer zum Schlafen gefunden!

Jetzt habe ich so viel vom Unendlichen erzählt, dass auch ich unendlich müde geworden bin. Rudi ist schon längst neben mir ins Land der Träume entschwunden. Na dann: Gute Nacht für heute!

Deine 3,7

GANZ GROSS

Lieber Erdling,

na, wie geht es Dir? Hattest Du heute schon etwas Spaß? Rudi und ich hatten vorhin definitiv ganz viel Spaß! Wir haben eine gaaanz lange Reihe von Dominosteinen aufgebaut. Jeweils einen dicht nach dem anderen. Diese Reihe war nicht nur gaaanz lang, sie war sogar *unendlich* lang! Und auf jeden Dominostein haben wir eine Zahl geschrieben. Auf den ersten eine 1, auf den zweiten eine 2, auf den dritten eine 3 und so weiter. Jeder Stein bekam die Zahl, die um 1 größer war als die auf dem Stein davor. Und dann hat Rudi den Stein mit der Zahl 1 umgeworfen und es machte klack, klack, klack, ... Das war ein Gaudi! Nach und nach fielen *alle* unendlich vielen Dominosteine um! Einer nach dem anderen. Das musst Du unbedingt mal probieren. Das macht Spaß!

Was?! Du kannst Dir etwas unendlich Großes einfach nicht vorstellen? Nicht so schlimm! Das kann wohl kaum jemand wirklich. Aber es gibt einen kleinen Trick, mit dem man sein Gehirn hereinlegen kann und dann zumindest das Gefühl hat, man würde sich gerade etwas unendlich Großes vorstellen: ein Ding ist unendlich groß, wenn es jede beliebige Grenze durchbricht, so groß Du sie auch festlegen magst. Lass uns das mal an unseren Beispielen anschauen:

Die Reihe von Dominosteinen geht immer weiter, hört einfach nicht auf und die Zahlen auf den Dominosteinen werden immer größer. Selbst wenn Du in gaaanz weiter Ferne in Gedanken einen Zaun aufbaust und sagst, dass es da über die Zahl

70000000000000000000000

nicht weitergeht, wird in unserer Reihe irgendwann auch der Dominostein mit der Zahl

70000000000000000000001

umfallen und Deine gedachte Zaungrenze durchbrechen. Diese Domino-Reihe hört einfach nicht auf! Sie ist unendlich lang und wenn ich an ihr entlang schaue, erinnert mich das immer an meinen letzten Urlaub am Meer. Das Meer geht bis zum Horizont und sicherlich dahinter noch weiter. Ich kann aber kein Ende sehen. Genau wie bei meiner Dominoreihe. Egal, wie gut meine Augen sind und wie weit ich schauen kann.

Wie jetzt?! Du weißt nicht, wie man die Zahl 70000000000000000000000 liest? Das hattest Du noch gar nicht in der Schule?! Seufz. Das ist aber gar nicht so schlimm. Zwar gibt es eine Regel, wie man beliebig (!) große Zahlen lesen kann, aber im normalen Leben braucht das eigentlich niemand. Dich interessiert das aber trotzdem?! Du bist ziemlich neugierig heute, weißt Du das?! Na gut, ich denke, Du weißt sicher, wie man 1, 10 und 100 liest, oder?! 1000 liest man als „Tausend" beziehungsweise genauer als „Eintausend". Damit kannst Du jetzt sicher auch Zahlen wie 2345 vorlesen, oder?!

Zweitausend.dreihundertfünfundvierzig

Ich habe mal einen Punkt gesetzt, um Dir das Lesen zu vereinfachen. Solche Punkte sind auch bei langen Zahlen als Lesehilfe ganz praktisch, um nicht durcheinander zu kommen. Und zwar macht man da von hinten alle drei Ziffern einen Punkt. Zum Beispiel 123.456. Das sind also

Einhundertdreiundzwanzigtausend.vierhundersechsundfünfzig

Puh! Was für ein langes Wort, was?!

So, und wie geht es weiter? Im Deutschen sieht es folgendermaßen aus:

1.000.000	Million
1.000.000.000	Milliarde
1.000.000.000.000	Billion
1.000.000.000.000.000	Billiarde
1.000.000.000.000.000.000	Trillion
1.000.000.000.000.000.000.000	Trilliarde
1.000.000.000.000.000.000.000.000	Quadrillion
1.000.000.000.000.000.000.000.000.000	Quadrilliarde
1.000.000.000.000.000.000.000.000.000.000	Quintillion
1.000.000.000.000.000.000.000.000.000.000.000	Quintilliarde

Und so geht es weiter mit Hilfe von lateinischen Zahlwörtern vor -illion und -illiarde. Na, und wie liest man nun die riesig große Zahl 70000000000000000000000? Das kann ich Dir auf den ersten Blick auch nicht sagen. Lass uns mal ein paar Hilfspunkte einfügen:

70.000.000.000.000.000.000.000

Jetzt mal flink die Dreiergruppen 000 zählen, das sind 7 Stück, und dann in der Tabelle nachschauen: Trilliarden. Also liest sich unsere Zahl „Siebzigtrilliarden". Das war ja gar nicht sooo schlimm, oder?! Angeblich soll es übrigens etwa Siebzigtrilliarden Sterne geben, die von Deinem Heimatplaneten aus mit modernsten Teleskopen zu sehen sind. Das hat zumindest ein australischer Astronom mal vor einiger Zeit behauptet. Wie viele Sterne es insgesamt im Universum gibt, das weiß aber niemand.

Fröhliche Grüße

Deine 3,7

GANZ KLEIN

Lieber Erdling,

Dir war das in meinem letzten Brief alles zu groß?! Na gut, dann lass uns doch einmal etwas kleinere Dinge anschauen. Ich habe einen gaaanz leckeren Schokokuchen gebacken. Der ist jetzt endlich fertig. Und während der abkühlt und gegessen werden kann, lass uns doch mal überlegen, wie man den Kuchen unter mehreren Leuten aufteilen könnte. Wie viel würde jede Person bekommen? Wenn ich alleine bin, kann ich den Kuchen ganz alleine essen.

1

Nun gut, dann bekäme ich aber wohl ziemliche Bauchschmerzen. Ich sollte also besser Rudi rufen. Zu zweit würde jeder einen halben Kuchen bekommen.

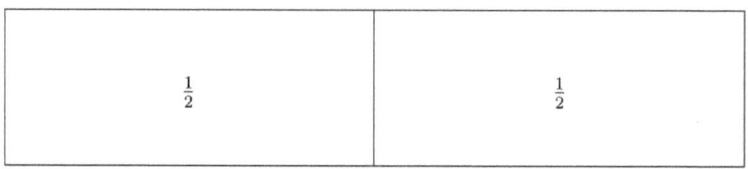

Immer noch viel für jeden von uns. (Obwohl, wenn ich es mir recht überlege, würde sich Rudi sicher über ein so großes Stück Kuchen freuen.) Also laden wir besser noch unseren Nachbarn ein. Zu dritt bekäme dann jeder ein Drittel des Kuchens.

Zu viert jeder ein Viertel.

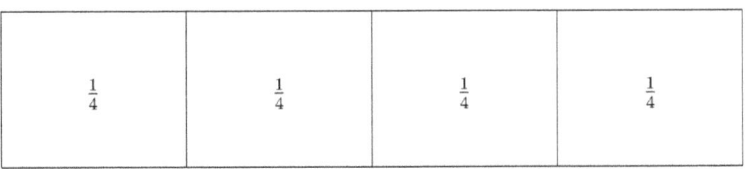

Und so weiter. Bei 12 Pirks bekäme jeder ein Zwölftel des Kuchens.

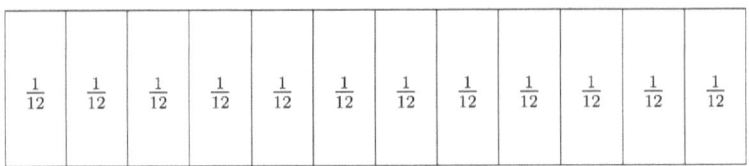

Je mehr Pirks kommen, umso kleiner werden die einzelnen Kuchenstücke, die jeder bekommt. Bei 120 Pirks sieht es folgendermaßen aus:

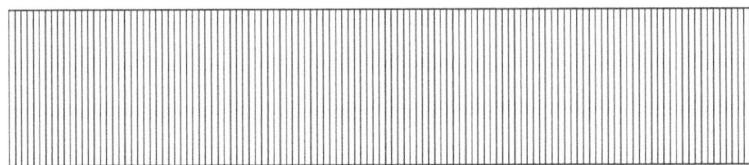

Wie Du aus meinen Bildern schon sehen kannst, haben Mathematiker für das Teilen von Kuchen und anderen Dingen eine eigene Schreibweise entwickelt. So steht $\frac{1}{3}$ zum Beispiel für ein Drittel. Also 1 (Kuchen) geteilt durch 3 (Pirks). Die Mathematiker nennen $\frac{1}{3}$ einen *Bruch* oder auch eine *rationale Zahl*. Interessanterweise kann man sogar mit solchen Brüchen ähnlich rechnen wie mit den *natürlichen Zahlen* 1, 2, 3, 4, ... die Du ja schon seit langer Zeit kennst. Man kann Brüche zusammenaddieren (Du gibst mir ein kleines Stück Kuchen zu meinem Stück hinzu, wie viel Kuchen habe ich dann?), Brüche von Brüchen abziehen oder sie sogar miteinander multiplizieren und durcheinander teilen. Rechnen mit Schokokuchen. Einfach genial!

Du glaubst nicht, dass man mit Schokokuchen rechnen kann?! Nun gut, dann stell Dir vor, Rudi isst einen halben Kuchen und ich nur ein Viertel des Kuchens. Wie viel vom Kuchen essen wir dann insgesamt? Sprich, wie viel ist $\frac{1}{2} + \frac{1}{4}$? Das hast Du bestimmt schon oft gerechnet! Vielleicht nicht mit Kuchenstücken, wohl aber mit Zeitspannen. Eine halbe Stunde plus eine Viertelstunde sind zusammen drei Viertelstunden, also $\frac{1}{2} + \frac{1}{4} = \frac{3}{4}$. Du hast da unbewusst etwas getan, was Mathematiker beim Rechnen mit Brüchen auch tun: sie teilen Kuchenstücke in Stücke der gleichen Größe: ein halber Kuchen ist so groß wie zwei Viertelkuchen, also $\frac{1}{2} = \frac{2}{4}$. Einen Viertelkuchen dazu sind also drei Viertelkuchen.

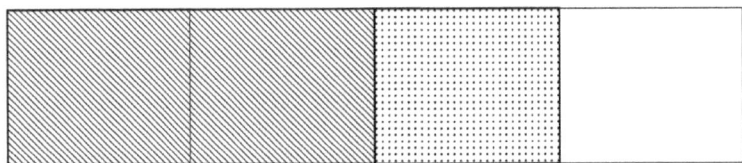

Kannst Du jetzt ausrechnen, wie viel $\frac{1}{2} + \frac{1}{3}$ ist? Hier funktioniert der Teilungstrick nicht direkt. Einen halben Kuchen kann man nicht in Drittelkuchen teilen. Aber vielleicht kann man ja sowohl den halben Kuchen als auch den Drittelkuchen in kleinere und gleich große Stücke zerteilen?! In Sechstelkuchen vielleicht?! Probier mal!

Zu schwer?! Hmm, dann lass uns schnell mal zusammen überlegen. Ein halber Kuchen sind drei Sechstelkuchen, $\frac{1}{2} = \frac{3}{6}$,

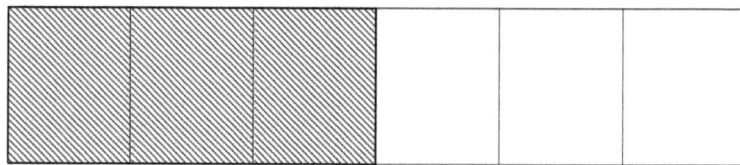

und ein Drittelkuchen ist doppelt so groß wie ein Sechstelkuchen, $\frac{1}{3} = \frac{2}{6}$.

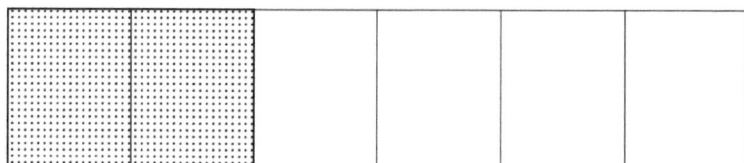

Ein halber Kuchen und ein Drittelkuchen sind also zusammen fünf Sechstelkuchen.

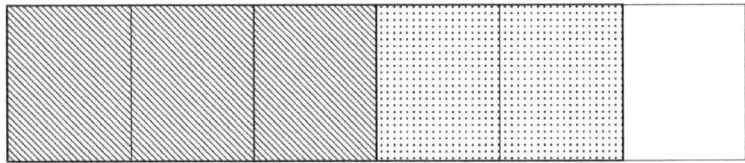

Mathematiker würden das ganz trocken und langweilig so schreiben:

$$\frac{1}{2} + \frac{1}{3} = \frac{5}{6}$$

Brrr! Da mampfen Rudi und ich doch jetzt lieber den Kuchen weg. Mmmhhhh. Lecker!

Sei lieb gegrüßt

Deine 3,7

Party

Lieber Erdling,

wann hast Du eigentlich Geburtstag? Da gibt es doch sicher auch immer einen total leckeren Geburtstagskuchen, oder?! Hier auf Pirk gibt es ja keine Zeit mehr. Von daher gibt es auch keine Geburtstage mehr. Ja, das ist schon etwas schade. Aber wir haben dafür eine Lösung gefunden. Wir backen einfach reihum einen großen Kuchen und laden alle Pirks ein! Das ist immer ein Trubel, wenn da unendlich viele Pirks auftauchen und sich ihr Stück Kuchen abholen. Was?! Der Kuchen kann gar nicht für unendlich viele Pirks reichen?! Ja, auf Deinem Planeten vielleicht nicht. Hier auf Pirk geht das schon. Und das liegt auch daran, dass der Kuchen hier auf Pirk so besonders gut schmeckt.

Ja, stimmt, ein toller Geschmack ist zwar gut, aber wenn der Kuchen nicht reicht, sind die Gäste trotzdem unzufrieden. Von daher müssen wir uns gut überlegen, wie wir den Kuchen verteilen. Hast Du eine Idee? Wir können den Kuchen ja nicht in unendlich viele gleich große Teile zerlegen, oder?! Vielleicht machen wir die Stücke also einfach nicht gleich groß. Schließlich schmeckt auch ein beliebig winziges Stückchen Kuchen hier auf Pirk so gut, als wäre es ein gaaanz großes! Dem ersten Gast geben wir die Hälfte des Kuchens.

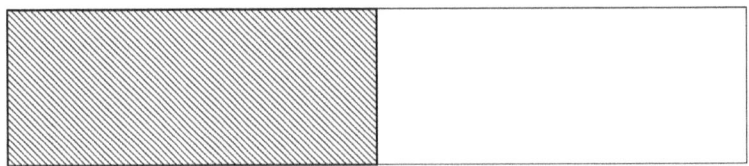

Meist drängelt sich da Schlingel Rudi ganz nach vorn in der Schlange. Dem zweiten Gast geben wir die Hälfte vom Rest, also einen Viertelkuchen.

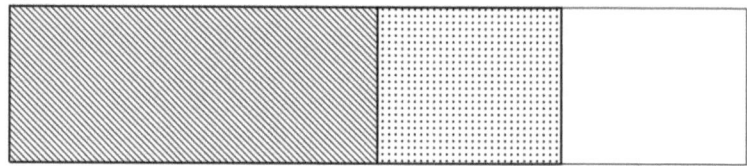

Dem dritten Gast geben wir wiederum die Hälfte vom Rest, also einen Achtelkuchen.

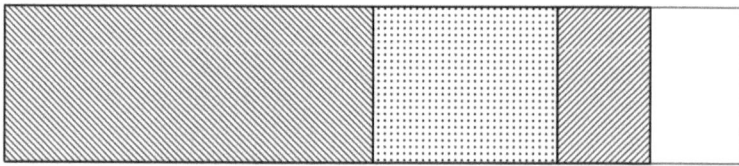

Der vierte Gast bekommt ebenfalls die Hälfte vom Rest, also einen Sechzentelkuchen.

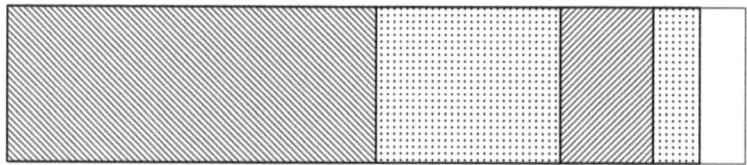

Und das geht immer so weiter. Immer bekommt der nächste Gast die Hälfte des verbliebenen Kuchens. Er bekommt also ein Stück Kuchen und für die restlichen Gäste ist immer noch Kuchen übrig. Perfekt! So bekommt jeder Gast ein leckeres Stück Kuchen und das verbleibende Stück Kuchen wird nach und nach unendlich klein. Flupp und weg! Wir haben also den gesamten Kuchen auf unsere Gäste verteilt.

Auch das schreiben Mathematiker wieder einmal ganz trocken und nüchtern auf:

$$\frac{1}{2} + \frac{1}{4} + \frac{1}{8} + \frac{1}{16} + \frac{1}{32} + \cdots = 1.$$

Dabei beschreiben Mathematiker mit dieser Gleichung eine Mega-Party! Sie können ihre Begeisterung offenbar nur nicht so richtig ausdrücken. Kein Wunder, dass viele Leute lange nicht verstanden, welchen Spaß Mathematik machen kann!

Party!!!

Deine 3,7

PAARFINDUNG

Lieber Erdling,

wie geht es Dir heute? Schwirrt Dir von der Unendlichkeit noch der Kopf? Na gut, dann lass uns heute mal mit etwas hantieren, das Dir bekannter vorkommen dürfte: Zahlen. Früher, als es auf Pirk noch eine Zeit gab, da waren Zahlen auf meiner Welt anscheinend so wichtig, dass man als Kind jahrelang in der Schule lernen musste, mit ihnen zu rechnen. Mit Stift und Papier. Stundenlang! Die Kinder wurden zu kleinen Taschenrechnern erzogen. Total langweilig! Und völlig unnötig. Erst nach vielen Jahren wurde man dann endlich erlöst und durfte richtige Taschenrechner benutzen, die eh viel schneller und besser rechnen können. Okay, das tun sie natürlich nur, wenn man lernt, wie man sie richtig benutzt und vor allem, wenn man sich nicht vertippt. Rudi kann davon ein Lied singen. Mit seinen Krallen ist Tippen auf kleinen Tasten nicht ganz so trivial.

Eines Tages passierte hier auf Pirk dann etwas absolut Unglaubliches. Keiner kann sich erinnern, wie es dazu kam, aber plötzlich wachten wir auf und so manches war grundlegend anders. Alle Uhren standen still, denn es gab keine Zeit mehr. Außerdem erschien unser Planet plötzlich viel größer. Unendlich groß. Mittlerweile gibt es unendlich viele Pirks und wir haben dennoch keinerlei Platzprobleme. Ohne Zeit konnten wir Pirks uns quasi ewig mit etwas beschäftigen. Und so passierte etwas, das wohl nie jemand für möglich gehalten hätte: mehr und mehr Pirks entdeckten eine Welt jenseits des Taschenrechners. Und sie waren verblüfft, wie viel Spaß diese bereit hielt. Und so wurden wir Pirks neugieriger und neugieriger und mittlerweile lieben wir es zu knobeln und Geheimnisse zu entdecken. Das Glücksgefühl, wenn man wieder ein kleines Geheimnis gelüftet hat, ist wirklich unbeschreiblich! Kennst Du dieses Gefühl? Hast Du schon mal ein Geheimnis gelüftet, ein kniffliges Problem gelöst? Nein?! Na, dann lass Dich mal in meine Welt entführen!

Ich wohne übrigens hier auf Pirk in einem kleinen Haus mit einem schönen Garten davor, in dem ich viele bunte Quirks angepflanzt habe. Quirks sind eine ganz spezielle Art Bäume, deren Blätter total schön im Licht glitzern und ich liebe es, in meinem Schaukelstuhl im Garten zu sitzen und ihrem Farbenspiel zuzusehen. Mein Flugdrache Rudi fliegt dann oft aufgeregt herum, besonders wenn hin und wieder Blätter von den Quirks abfallen. Na und, fragst Du?! Haha! Quirks haben besondere Blätter! Auf jedem Blatt, das herunterfällt, stehen total interessante Sachen aus der Welt der Mathematik! Und was da alles draufsteht! Manchmal ist es unglaublich faszinierend, fast wie Magie. Manchmal einfach nur unglaublich schön. Manchmal stehen auch Knobelaufgaben darauf. Und Rudi und ich lieben es zu knobeln! Allerdings ist Rudi nicht sehr geduldig und auch ein wenig tollpatschig. Das gibt dann oft das reinste Chaos!

Heute zum Beispiel, da stand auf einem Quirkblatt:

Wie viel ist 1+2+3+4+5+6+7+8+9+10?

Rudi fing gleich an, seine Klauen zu zählen: 1 Klaue und nochmal 2 dazu…das sind 3 Klauen. Nochmal 3 dazu…macht 6 Klauen. Dann nochmal 4 dazu…das macht…Tja, er ist ganz schön schnell ins Schwitzen gekommen! Stell Dir vor, beinahe hätte er doch glatt angefangen zu weinen! Ich habe ihn dann schnell auf den Schoß genommen und seinen Kopf gestreichelt. Dann haben wir uns die Aufgabe mal in Ruhe gemeinsam angeschaut. Klar, wir könnten jetzt einfach wieder langweilig drauf losrechnen…ob nun mit oder ohne Taschenrechner…aber geht es nicht vielleicht auch einfacher?! Vor einiger Zeit, stand mal auf einem

Quirkblatt ein kleiner Rechentrick: „Suche Zahlen, die sich zu 10 addieren!" Genau! Da sind zwei solche Zahlen! 1+9 ergibt 10. Und da! 2+8 ergibt auch 10. Findest Du auch noch zwei weitere Zahlen, die zusammen 10 ergeben?

Super, damit können wir diese schreckliche Summe anders hinschreiben und dann sehen wir mal weiter:

1+2+3+4+5+6+7+8+9+10 = (1+9)+(2+8)+(3+7)+(4+6)+5+10

Ha! Rudi flattert ganz aufgeregt hoch, so dass ich fast meinen heißen Kakao über das Blatt schütte! Wir schreiben das nochmal sauber auf:

1+2+3+4+5+6+7+8+9+10 = 10+10+10+10+5+10

Na, das ist jetzt ja wirklich einfach! 10+10+10+10+10 macht 50…und noch 5 dazu…das sind 55. Als wir 55 als Antwort auf das Quirkblatt schreiben, leuchtet es ganz hell auf, beginnt zu schweben und *plopp* löst es sich in Nichts auf. Rudi fliegt vor Freude einen Rückwärtssalto!

Oh, was ist das? Da liegt ja noch die Rückseite des Quirkblattes:

Wie viel ist 3+7+3+8+7+2+4+6+2?

Hmm, was meinst Du, lieber Erdling, kannst Du das bitte ganz flink ausrechnen? Rudi und ich müssen nämlich jetzt erstmal ein wenig schlafen.

Liebe Grüße

Deine 3,7

VON VORN NACH HINTEN UND HINTEN NACH VORN

Lieber Erdling,

na, wie geht es Dir? Hast Du die Aufgabe aus meinem letzten Brief lösen können?

3+7+3+8+7+2+4+6+2 = (3+7)+(3+7)+(8+2)+(4+6)+2

Damit sind das also 10+10+10+10 = 40 und nochmal 2 dazu, also 42. Hast Du das auch herausbekommen?

Rudi und ich sitzen gerade wieder im Garten und lassen uns die Sonnenstrahlen auf den Bauch scheinen. Dabei schauen wir die Wolken an und finden immer wieder lustige Formen. Ein Schaf. Eine Trompete. Und sogar eine runde Pyramide!

Was, die gibt es gar nicht?! Doch, doch! Hier auf Pirk schon. *Kling.* Oh! Irgendwo ist wieder ein Quirkblatt abgefallen! Rudi flattert aufgeregt umher und sucht es schon. Mal sehen, was da diesmal draufsteht!

> Wie viel ist 1+2+3+4+5+6+7+8+9+10+...+99+100?
>
> Du darfst einen Taschenrechner benutzen, wenn Du möchtest.

Ha! „Taschenrechner!", ruft Rudi, holt seinen dunkelgrünen Taschenrechner aus seinem linken Flügel und beginnt ganz wild darauf herum zu tippen. Aber irgendwie scheint er nicht so richtig voranzukommen. Ständig flucht er, weil er sich wieder mal vertippt hat. (Sagte ich es nicht?!) Die Tasten des Taschenrechners sind aber auch wirklich zu klein für seine Klauen! Na gut, während Rudi noch sein Glück mit seinem Taschenrechner versucht, schaue ich mir die Aufgabe mal genauer an. Da muss es doch wieder einen Trick geben! Hmm, wie war das nochmal? „Suche Zahlen, die sich zu 10 addieren!" Die finde ich zwar wieder ganz schnell, aber so richtig bringt mich das diesmal nicht weiter. Hmm, da muss ich mir wohl was anderes überlegen. Ah! Genau! „Suche Zahlen, die sich zu 100 addieren!"

$$1+2+3+\ldots+98+99+100 = (1+99)+(2+98)+(3+97)+\ldots+(49+51)+50+100$$

Super! Jetzt muss ich nur noch herausfinden, wie oft ich da die 100 hingeschrieben habe. Ich habe 49 Paare von Zahlen gefunden, die sich zu 100 addieren. (Siehst Du, warum es 49 Paare sind?) 49 mal 100, das ergibt 4900, dann noch die 50 und die 100 dazu, das sind 5050. Wenn Du mir das nicht glaubst, nimm Deinen Taschenrechner und rechne nach:

$$49 \cdot 100 + 50 + 100 = 5050$$

Achja, auf Deinem Taschenrechner musst Du wahrscheinlich x statt · zum Multiplizieren drücken. Frag mich nicht, wer auf diese Idee gekommen ist, aber wahrscheinlich nutzt sich ein x nicht so schnell ab wie ein ·, was besonders bei Rudis Krallen echt von Vorteil ist.

Nachdem ich mir einen neuen leckeren Kakao geholt habe, ist auch Rudi endlich fertig und hält mir stolz seinen Taschenrechner hin, der das gleiche Ergebnis zeigt! (Du siehst, ein Taschenrechner kann zwar schneller und besser rechnen als Du oder ich...oder Rudi, aber mit etwas Nachdenken geht es oft sogar noch schneller! Das ist die faszinierende Welt jenseits des Taschenrechners, von der ich in meinem letzten Brief sprach.) Wir schreiben das Ergebnis auf das Quirkblatt, es leuchtet ganz hell auf, beginnt zu schweben und *plopp* löst es sich in Nichts auf. Dafür segelt jedoch ein neues Quirkblatt herunter:

Wie viel ist 1+2+3+4+5+6+7+8+9+10+...+665+666?

Du darfst einen Taschenrechner benutzen, wenn Du möchtest.

Puh! Rudi hat keine Lust, noch mehr Zahlen in seinen Taschenrechner zu tippen und auch mein kleiner Trick von eben scheint hier nicht zu funktionieren. Was können wir denn jetzt noch machen? Rudi und ich grübeln und grübeln, aber wir haben einfach keine Idee. Hmpf!

Ah! Auf der Rückseite des Quirkblattes ist ein Hinweis!

Von vorn nach hinten und hinten nach vorn, doppelt ist halb gewonnen.

Was soll denn das schon wieder bedeuten? Von vorn nach hinten und hinten nach vorn. Hmm, vielleicht sollen wir die Aufgabe anders herum lesen?

666+665+664+663+662+661+660+659+658+657+...+2+1

Naja, irgendwie sieht das nicht besser aus. Ganz im Gegenteil. Aber da ist ja noch der andere Hinweis: doppelt ist halb gewonnen. Was könnte das denn heißen? Rudi und ich schauen uns an und machen die verrücktesten Vorschläge. Aber so richtig kommen wir nicht weiter. Vielleicht sollten wir uns das Problem mal von beiden Seiten gleichzeitig anschauen.

$$1 + 2 + 3 + 4 + 5 + \ldots + 664 + 665 + 666$$
$$666 + 665 + 664 + 663 + 662 + \ldots + 3 + 2 + 1$$

Grübel, grübel...können wir da etwas Interessantes entdecken? Also, oben werden die Zahlen immer um 1 größer, während sie unten immer um 1 kleiner werden. Aber was hilft uns das? Wir denken angestrengt nach und auf einmal springt Rudi jubelnd hoch! Er macht einen dicken Strich unter die beiden Zeilen:

$$\underline{\begin{array}{c}1 + 2 + 3 + 4 + 5 + \ldots + 664 + 665 + 666\\666 + 665 + 664 + 663 + 662 + \ldots + 3 + 2 + 1\end{array}}$$

„Ja und? Was soll uns das bringen?", frage ich. „Na, rechne doch mal die Zahlen zusammen, die übereinanderstehen!", antwortet er. Na gut, dann mache ich das mal:

$$
\begin{array}{r}
1 + 2 + 3 + 4 + 5 + \ldots + 664 + 665 + 666 \\
666 + 665 + 664 + 663 + 662 + \ldots + 3 + 2 + 1 \\
\hline
667
\end{array}
$$

„Das ist aber kein schönes Ergebnis.", sage ich. „Na, denn rechne doch mal weiter!", antwortet er ganz aufgeregt.

$$
\begin{array}{r}
1 + 2 + 3 + 4 + 5 + \ldots + 664 + 665 + 666 \\
666 + 665 + 664 + 663 + 662 + \ldots + 3 + 2 + 1 \\
\hline
667 \quad 667
\end{array}
$$

Oh! Schon wieder diese komische Zahl. Ich rechne weiter.

$$
\begin{array}{r}
1 + 2 + 3 + 4 + 5 + \ldots + 664 + 665 + 666 \\
666 + 665 + 664 + 663 + 662 + \ldots + 3 + 2 + 1 \\
\hline
667 \quad 667 \quad 667
\end{array}
$$

Jetzt beginne ich zu staunen. Das kann doch gar nicht sein!

$$
\begin{array}{cccccccc}
1 + & 2 + & 3 + & 4 + & 5 + \ldots + & 664 + & 665 + & 666 \\
666 + & 665 + & 664 + & 663 + & 662 + \ldots + & 3 + & 2 + & 1 \\
\hline
667 & 667 & 667 & 667 & 667 \quad \ldots & 667 & 667 & 667
\end{array}
$$

Wie ist denn das möglich! Immer kommt die gleiche Zahl heraus. Plötzlich schlage ich mir mit der flachen Hand an die Stirn. (Weißt Du warum?) Natürlich! In der oberen Zeile werden die Zahlen immer um eins größer, während sie in der unteren Zeile immer um eins kleiner werden. Zusammen hebt sich das also auf und ich muss natürlich immer das gleiche Ergebnis bekommen! Manchmal hat Rudi echt super Ideen! Ich hätte bestimmt noch eine Weile gebraucht, um das zu sehen.

Wenn wir also 666 Mal die 667 addieren (siehst Du, warum 666 Mal?), wir also 666·667 ausrechnen (natürlich mit dem Taschenrechner), dann haben wir unsere Summe gefunden. Nein!

Halt! Wir haben ja jede Zahl doppelt gezählt! Also müssen wir 666·667 noch halbieren. Doppelt ist halb gewonnen. Jetzt versteh ich endlich auch diesen Teil des Hinweises. Rudi tippt ganz flink in seinen Taschenrechner: 666·667:2 und in Null-komma-nichts steht da: 222111. „Wow. Was für eine große Zahl!", sagt Rudi, „Ich weiß gar nicht, wie man diese Zahl vorliest." Ich schon:

Zweihundertzweiundzwanzigtausendeinhundertundelf.

Das ist unglaublich groß, was?!

So, lieber Erdling, wir müssen noch ein wenig im Garten arbeiten. Bis zum nächsten Brief!

Deine 3,7

WILDE FORMEL

Lieber Erdling,

diesmal wird es vielleicht nur ein kurzer Brief. Ich sehe nur noch Sterne und die tanzen ganz wild im Kreis. Uff! Schuld daran ist ein kleines Quirkblatt, auf dem stand:

> Was ist die Summe der ersten n Zahlen? In anderen Worten, wieviel ist
>
> 1+2+3+4+5+...+n
>
> für eine beliebige Zahl n? Finde eine Formel!

Rudi und ich hatten erst keine Ahnung, was wir machen sollten. Irgendwie war das Blatt diesmal in der Geheimsprache der Mathematiker verfasst. Was ist denn bitteschön eine Formel?! Puh. Aber mal schauen, ob wir diese Geheimsprache nicht entziffern können! Also diskutierte ich mit Rudi ein wenig herum, was denn eigentlich die zu lösende Frage sein könnte. (Jaja, manchmal muss man bereits nachdenken, um zu verstehen, was eigentlich gefragt wird. Spannend!) Wie sollen wir zum Beispiel

$$1+2+3+4+5+\ldots+n$$

lesen? Rudi meinte, das soll bestimmt heißen, dass wir alle Zahlen von 1 bis n zusammenaddieren sollen. „Ja, aber wie groß ist denn n?", frage ich ihn grübelnd. Rudi lacht und meint: „Suche Dir eine Zahl für n aus! Wenn Du für n zum Beispiel die Zahl 7 wählst, dann sollst Du die Summe 1+2+3+4+5+6+7 finden und wenn Du für n dagegen 100 wählst, dann sollst Du 1+2+3+4+5+…+100 finden. Da haben wir übrigens die Summe mit Punkten abgekürzt, weil wir keine Lust hatten, 100 Zahlen hinzuschreiben." Okay, das leuchtet mir jetzt ein. Wann immer ich mich für eine konkrete Zahl für n entscheide, bedeutet 1+2+3+4+5+…+n, dass ich alle Zahlen von 1 bis n hinschreiben und dann addieren soll. Sind es zu viele Zahlen, kürze ich das durch Punkte ab, weil jeder ja leicht erkennen kann, welche Zahlen ich anstatt der Punkte hinschreiben wollte.

Okay, aber was ist eine Formel? Rudi ist heute ein echter Schlaumeier und meint: „Damit kann man wohl das Ergebnis ganz kurz hinschreiben. Zum Beispiel, wenn ich 1+1+1+1+1 schreibe, dann kann ich das kürzer als 1+1+1+1+1 = 5 schreiben. Und wenn ich beliebig viele Einsen addieren will, dann bekomme ich folgendes:

$$\underbrace{1+1+1+\ldots+1}_{n \text{ Einsen}} = n$$

Anstatt also auf meinem Taschenrechner Schritt für Schritt 1+1+1+... auszurechnen, kann ich das Ergebnis sofort herausbekommen, indem ich einfach meine Zahl für n einsetze."

Hmm, eine Formel für 1+2+3+4+5+...+n würde uns also helfen, diese Summe ganz schnell auszurechnen, auch wenn n gaaanz groß wäre. Cool! Aber wie finden wir solch eine Formel? Fangen wir doch mal an zu rechnen:

$$
\begin{aligned}
1 &= 1 \\
1 + 2 &= 3 \\
1 + 2 + 3 &= 6 \\
1 + 2 + 3 + 4 &= 10 \\
1 + 2 + 3 + 4 + 5 &= 15 \\
1 + 2 + 3 + 4 + 5 + 6 &= 21 \\
1 + 2 + 3 + 4 + 5 + 6 + 7 &= 28
\end{aligned}
$$

Also irgendwie kann ich nicht erkennen, welches Muster hinter den Summen 1, 3, 6, 10, 15, 21, 28 steckt. Du? Tja, dann hilft wohl nur wieder Nachdenken. Bei diesem Gedanken muss ich schmunzeln. Genau dies macht Rudi und mir ja soviel Spaß. Unbekannte Muster erkennen. Und wenn wir mal wieder eine harte Nuss geknackt haben, dann tanzen wir oft beide freudig durch den Garten oder machen Purzelbäume. Während ich noch so vor mich hin träume, kreischt Rudi plötzlich laut auf. „Yippie! Ich habe eine Idee!

Oh, ja, ich glaube, das funktioniert!" Ganz aufgeregt fliegt er hin und her. „Kannst Du Dich noch erinnern, wie wir 1+2+3+...+100 ausgerechnet haben?", fragt er mich halb außer Atem. „Klar. Wir haben Paare von Zahlen gesucht, die zusammen 100 ergeben.", antworte ich, ohne einen Plan zu haben, worauf er hinauswill. Er verdreht nur die Augen und gibt mir einen weiteren Tipp:

> Von vorn nach hinten und hinten nach vorn, doppelt ist halb gewonnen.

Hmm, das stand doch mal auf einem Quirkblatt als Hinweis. Achja, natürlich! Es gab da noch einen anderen Weg, 1+2+3+...+100 auszurechnen:

$$
\begin{array}{cccccccccccccc}
1 & + & 2 & + & 3 & + & 4 & + & \ldots & + & 98 & + & 99 & + & 100 \\
100 & + & 99 & + & 98 & + & 97 & + & \ldots & + & 3 & + & 2 & + & 1 \\
\hline
101 & & 101 & & 101 & & 101 & & \ldots & & 101 & & 101 & & 101
\end{array}
$$

Das sind also 100 mal 101 und dann müssen wir das Ergebnis noch halbieren, da wir die Zahlen jeweils doppelt gezählt haben: 100·101:2 = 5050. Richtig, das haben wir damals mit unseren Paaren auch herausbekommen. Und nun? „Jetzt mach einfach mal das Gleiche für 1+2+3+4+5+…+n.", ermuntert mich Rudi freudestrahlend. Offenbar ist er sich schon ziemlich sicher, dass dieser Weg zum Ziel führen wird. Na, dann schauen wir uns das doch mal an:

$$
\begin{array}{ccccccc}
1 + & 2 + & 3 + & 4 + & \ldots + & n-2 + & n-1 + & n \\
n + & n-1 + & n-2 + & n-3 + & \ldots + & 3 + & 2 + & 1 \\
\hline
n+1 & n+1 & n+1 & n+1 & \ldots & n+1 & n+1 & n+1
\end{array}
$$

Okay, der Trick scheint wirklich wieder zu funktionieren. Wieder ergeben die einzelnen Summen das gleiche Ergebnis, nämlich n+1. Wir müssen genau n solcher Zwischenergebnisse aufaddieren und bekommen n·(n+1). Und da wir wieder jede Zahl doppelt gezählt haben, müssen wir wieder durch 2 dividieren. „Die Summe ist also n·(n+1):2?", frage ich Rudi. Rudi antwortet nicht, sondern macht nur begeistert einen Salto rückwärts. Den würde ich jetzt zwar gerne auch machen, aber zum einen kann Rudi das viel besser und zum anderen bin ich noch ziemlich skeptisch, ob meine Lösung stimmt. (Na gut, eigentlich ist es ja Rudis Lösung. Ich habe aber immerhin die Details zu seiner Idee gefunden! Also ist es auch ein wenig meine Lösung.) Fragend schaue ich Rudi an: „Ist das denn die gesuchte Formel?" Rudi lächelt. „Na, wenn Du Dir nicht sicher bist, ob Du Dich irgendwo verrechnet hast, dann mach doch eine Probe mit verschiedenen Zahlen für n!"

Da hat Rudi natürlich Recht. Zwar kann ich mir mit einer Probe auch nicht absolut sicher sein, dass meine Formel stimmt, aber ich kann mir zumindest ein wenig sicherer sein, dass ich *wahrscheinlich* keinen Rechenfehler gemacht habe. Sollte die Probe aber nicht klappen, dann müsste ich *definitiv* irgendwo einen Rechen- oder Gedankenfehler haben. Also dann mal los! Für n = 7 sagt die Formel eine Summe von 7·(7+1):2 = 7·8:2 = 28 voraus. Und tatsächlich, 1+2+3+4+5+6+7 = 28. Super. Das passt schon mal. Und für n = 100? Da soll laut Formel das Ergebnis

$$100·(100+1):2 = 100·101:2 = 5050$$

sein. Das stimmt auch! Ich teste die Formel erfolgreich noch mit ein paar kleineren Zahlen für n und lehne mich beruhigt zurück. Wie es aussieht, habe ich die gesuchte Formel für die Summe gefunden:

$$1+2+3+4+5+...+n = n·(n+1):2$$

Wir schreiben sie auf das Quirkblatt, das sich daraufhin auflöst und viele bunt glitzernde Sternchen durch die Luft wirbeln lässt. Ein unglaubliches Schauspiel!

Na gut, lieber Erdling, jetzt ist es doch ein recht langer Brief geworden. Rudi und ich grüßen Dich ganz lieb und tanzen jetzt noch ein wenig in den glitzernden Sternchen.

Deine 3,7

WILDE FORMEL IM QUADRAT

Lieber Erdling,

nachdem wir erfolgreich die Summenformel für 1+2+3+4+5+...+n gefunden und uns freudig tanzend ausgetobt hatten, haben Rudi und ich noch ein wenig rumgespielt und nach mehr Formeln gesucht. Und dabei haben wir etwas Erstaunliches entdeckt! Wir haben nämlich versucht, eine Formel für die Summe der ersten n ungeraden Zahlen zu finden. Und dabei fiel uns folgendes auf:

$$
\begin{aligned}
1 &= 1 = 1 \cdot 1 \\
1+3 &= 4 = 2 \cdot 2 \\
1+3+5 &= 9 = 3 \cdot 3 \\
1+3+5+7 &= 16 = 4 \cdot 4 \\
1+3+5+7+9 &= 25 = 5 \cdot 5 \\
1+3+5+7+9+11 &= 36 = 6 \cdot 6 \\
1+3+5+7+9+11+13 &= 49 = 7 \cdot 7
\end{aligned}
$$

Diesmal haben wir durch die ersten kleinen Summen sofort selbst eine Vermutung gefunden: Die Summe der ersten n ungeraden Zahlen ergibt genau n·n. Doch wie konnten wir das nur ganz allgemein zeigen? Wir dachten kurz nach und es war gar nicht so schwierig! Die ersten n ungeraden Zahlen sind:

$$\underbrace{2 \cdot 1 - 1}_{=1}, \underbrace{2 \cdot 2 - 1}_{=3}, \underbrace{3 \cdot 2 - 1}_{=5}, \ldots, \underbrace{2 \cdot n - 1}_{2 \cdot n - 1}.$$

Jetzt wieder unser Rechentrick:

$$\begin{array}{cccccc}
1 + & 3 + & 5 + & \ldots + & 2 \cdot n - 3 + & 2 \cdot n - 1 \\
2 \cdot n - 1 + & 2 \cdot n - 3 + & 2 \cdot n - 5 + & \ldots + & 3 + & 1 \\
\hline
2 \cdot n & 2 \cdot n & 2 \cdot n & \ldots & 2 \cdot n & 2 \cdot n
\end{array}$$

Alle Zwischenergebnisse aufaddiert und danach wieder brav halbiert, weil wir doppelt gezählt haben und wir bekommen als gesuchte Summe: n·(2·n):2, also n·n. Schnell auf das Quirkblatt geschrieben...*plopp*...und Sterne glitzern überall. Zeit für einen weiteren freudigen Tanz durch den Garten!

Doch da kommt mir eine Idee. „Warte mal, Rudi! Ich glaube, ich kann diese Formel noch anders begründen." Rudi stoppt mitten im Salto und fällt dadurch fast auf seine Nase. Was für ein Tollpatsch! Aber dann kommt er flink zu mir und schaut mir gespannt über die Schulter, wie ich ein paar Bildchen male.

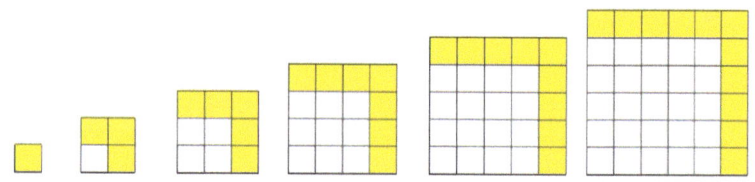

„Also, Rudi, die Zahlen 1·1, 2·2, 3·3 und so weiter habe ich schon mal gesehen. So viele Felder haben quadratische Schachbretter mit 1, 2, 3 Kästchen pro Seite. Und jetzt schau Dir an, um wie viele Felder sich zwei Schachbretter aufeinander folgender Größe unterscheiden. Ich habe die mal gelb angemalt." Ich bin noch gar nicht fertig mit meiner Erklärung, da ist Rudi schon fleißig am Zählen. „Also erst ist es ein Quadrat, dann sind es drei, dann 5, 7, 9, 11. Hey, cool! Das sind ja immer genau zwei mehr. Und immer genau eine ungerade Anzahl!"

„Stimmt.", antworte ich, „Und die ersten n gelben Winkel füllen zusammen genau ein n × n-Schachbrett mit n·n Feldern aus. Und damit haben wir unsere Summenformel einfach durch ein schickes Bildchen bewiesen." Rudi grinst. „Cool!"

So, lieber Erdling, wir malen jetzt noch ein wenig mit unseren Buntstiften bunte Bilder. Vielleicht finden wir ja noch etwas Tolles heraus.

Bis zum nächsten Brief!
Deine 3,7

GEHT DAS ODER GEHT DAS NICHT?

Lieber Erdling,

oje, oje! Ich hoffe, Du hast bessere Laune als Rudi. Er versucht verzweifelt die Knobelaufgabe des letzten Quirkblattes zu lösen. Und die geht so:

> Kann man ein 8 x 8-Schachbrett, bei dem zwei diagonal gegenüber liegende Eckfelder entfernt wurden, mit 31 Dominosteinen überdecken? Jeder Dominostein ist dabei so groß wie 1 x 2 Schachbrettfelder.

Rudi hat sich gleich aus Pappe ein Schachbrett und 31 passende Dominosteine gebastelt und natürlich auch zwei diagonal gegenüber liegende Eckfelder entfernt. Das sah dann ungefähr so aus:

Ja, Rudi liebt das Gelb der Blumen auf unserer Wiese, von daher hat er sich ein schwarzgelbes Brett gebastelt. Und nun probiert er verzweifelt, mit den Dominosteinen das Schachbrett zu überdecken. Aber es will ihm einfach nicht gelingen.

Da meine ich zu ihm: „Vielleicht geht das ja gar nicht?!" Er schaut mich ein wenig traurig an und antwortet: „Oder ich habe vielleicht die Lösung noch nicht gefunden." Tja, genau darin unterscheiden sich Mathematiker von Naturwissenschaftlern!

Naturwissenschaftler beobachten, stellen Theorien auf und machen viele Experimente, um ihre Theorien zu untermauern. Aber so viele Beobachtungen und Experimente sie auch machen, sie können sich doch nie vollkommen sicher sein, dass die nächste Beobachtung, das nächste Experiment nicht vielleicht doch der Theorie widerspricht. Genau das hatte Rudi bisher getan. Er hat jetzt schon Hunderte, wenn nicht gar Tausende Möglichkeiten probiert und keine hat geklappt. Je mehr Möglichkeiten er probiert, um so mehr kann er sich in seiner (naja, eher meiner) Vermutung sicher sein, dass es gar nicht geht. Aber er kann sich eben nicht absolut *sicher* sein! Das könnte er nur, wenn er wirklich alle Möglichkeiten durchprobiert hätte. Naja, das würde Rudi hier auf Pirk zwar keine Zeit kosten, da wir hier ja keine Zeit haben, aber trotzdem wäre das für Rudi sicherlich nicht wirklich lustig.

Im Gegensatz zu Naturwissenschaftlern glauben Mathematiker eine Aussage erst dann, wenn sie eine Begründung für diese Aussage bekommen oder selbst gefunden haben, die so klar und unumstößlich ist, dass daran einfach nicht mehr zu rütteln ist. Mathematiker nennen solch eine Begründung einen *Beweis*. Bei unserem Schachbrettproblem wäre solch ein Beweis eine Begründung, warum es einfach keine gewünschte Überdeckung des Schachbretts mit Dominosteinen geben *kann*. *Egal* wie man dies versuchen würde. Mit solch einem Argument könnten wir uns dann sicher sein, dass nie, wirklich niemals, jemand kommen kann und doch eine Überdeckung präsentiert und unsere Aussage widerlegt. Wir können uns dann also entspannt zurücklehnen. Und wenn dieser Beweis zudem noch kurz und elegant einfach ist, dann ist das noch viel spaßiger. Glaub mir!

Ja, Du hast Dich nicht verlesen! Mathematik kann richtig Spaß machen! Ich weiß, das glaubst Du mir vielleicht gerade nicht, weil Du bisher unter Mathematik nur langweiliges Rechnen und Formeln auswendig Lernen verstehst. Zusammenhangslos und ohne einen Plan, wozu das gut sein soll. Aber es stimmt! Mathematik ist nicht nur wildes Rumrechnen, auch wenn es da echt coole

Rechentricks gibt, mit denen man andere Leute beeindrucken kann. Ein paar wenige davon habe ich Dir ja schon geschrieben. Mathematik ist viel mehr! Ich hoffe, ich kann Dir in meinen Briefen so nach und nach die Schönheit und den Spaß vermitteln, die in der Mathematik stecken.

Aber nun zurück zu unserem Schachbrettproblem. Was könnte ein klar nachvollziehbarer Grund sein, warum sich das Schachbrett ohne die beiden Eckfelder nicht mit Dominosteinen überdecken lässt? Rudi und ich starren gebannt auf Schachbrett und Dominosteine und hoffen, dass uns etwas auffällt.

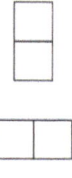

Nichts. Gar nichts. Siehst Du vielleicht etwas? Rudi und ich starren auf die Bilder und sehen gefühlte Ewigkeiten absolut nichts. Doch plötzlich fällt es mir wie Schuppen von den Augen! Natürlich! Egal, wie wir die Dominosteine auf das Brett legen, wird jeder Dominostein genau ein schwarzes und ein gelbes Feld des Schachbretts überdecken.

Wenn wir Rudis Brett mit den 31 Dominosteinen überdecken könnten, würden wir also genau 31 schwarze und 31 gelbe Felder überdecken. Allerdings hatte Rudi zwei gegenüberliegende Ecken des 8 x 8-Schachbrettes herausgeschnitten. Und diese waren beide gelb! Damit hat das verbliebene Brett 32 schwarze aber nur 30 gelbe Felder. Rudi kann sich also anstrengen, wie er will. Es geht nicht! Man kann das Brett nicht mit den 31 Dominosteinen überdecken! Rudi kann das nicht. Ich kann das nicht. Du kannst das nicht. Niemand kann das! Unser einfaches Zählargument hat dies für immer und ewig bewiesen.

Sehr gut! Dann lehnen sich Rudi und ich nun entspannt zurück und genießen das schöne Gefühl, etwas für immer und ewig bewiesen zu haben. Und niemand, absolut niemand, wird unsere Aussage jemals widerlegen können.

Fühl Dich lieb gegrüßt
Deine 3,7

PS: Achja, Mathematiker sind übrigens ein echt komisches Völkchen. Sie können nämlich sogar beweisen, dass sie nicht alles beweisen können! Hihi. Allerdings hat dieser Beweis des Erdlings Kurt Friedrich Gödel anfangs des 20. Jahrhunderts viele Mathematiker echt erschüttert. „Wie jetzt?! Es gibt Aussagen, da kann ich mich auf den Kopf stellen und zaubern und finde trotzdem keinen Beweis, dass diese Aussagen stimmen?" Genau. So ist es nun einmal. Niemand ist perfekt. Auch nicht Mathematiker. Doch diese können das eben sogar beweisen!

BERGAUF, BERGAB

Lieber Erdling,

wie geht es Dir? Was sind Deine Pläne für heute? Bei uns auf Pirk ist es gerade sehr schönes Wetter. Warm, frische Luft voller Blütenduft und so haben Rudi und ich uns entschlossen, in den Bergen wandern zu gehen. Naja, eigentlich wandere nur ich. Sobald es Rudi zu anstrengend wird, den Berg hinauf zu kraxeln, fliegt er eben und wartet dann irgendwo am Weg entspannt in der Sonne badend. So wie jetzt.

Beim Wandern ist mir auch wieder jenes eine Quirkblatt eingefallen, das bei uns noch rumliegt, weil wir das Problem darauf noch nicht gelöst haben. Jaja, auch das kommt vor. Nicht zu jedem Problem haben wir sofort eine Lösung parat. Gar nicht so selten müssen wir unsere kunterbunten

Gehirnzellen ganz schön anstrengen, bis wir das Rätsel knacken! Das macht Spaß, sag ich Dir! Na gut, manchmal ist es auch frustrierend, wenn man nicht weiterkommt. Aber dann heißt es dranbleiben, nicht lockerlassen und wieder und wieder, wenn auch mit Pausen, das Problem bearbeiten. Warum Pausen?! Naja, manchmal muss man sich einfach mal erholen und an etwas anderes denken. Sonst sieht man bald den Wald vor lauter Bäumen nicht mehr. Und auf recht magische Weise scheint sich unser Gehirn, wenn nicht gar unser ganzer Körper, aus all unseren Überlegungen ein besseres Bild von unserem Problem zu basteln. Ohne dass wir bewusst an das Problem denken! Und manchmal, wenn wir gerade etwas völlig anderes tun, hat einer von uns beiden einen Geistesblitz und er hat die Lösung quasi vor Augen. Das ist Dir vielleicht ja auch schon mal passiert, als Du über ein schwieriges Problem nachgedacht hast. Es muss ja kein mathematisches gewesen sein.

Okay, aber nun zurück zum Problem auf dem Quirkblatt. Es hat ebenfalls mit Wandern zu tun. Vielleicht fällt Dir ja schneller eine Lösung ein als uns. Wenn ich mich recht erinnere, dann ging das Problem etwa so:

> Ein Wanderer auf dem Planeten Erde wandert in einem Gebirge einen Berg an einem Tag hinauf und am nächsten Tag wieder hinab. Am ersten Tag beginnt er seine Wanderung um genau 6 Uhr und kommt an seinem Ziel, einer Berghütte genau um 18 Uhr an. Am zweiten Tag startet er wieder genau 6 Uhr und wandert exakt den gleichen Weg wieder hinab ins Tal, wo er ebenfalls wieder exakt 18 Uhr an seinem Ausgangsort ankommt.
>
> Beweise, dass es eine Uhrzeit gibt, zu der sich der Wanderer an beiden Tagen exakt am gleichen Punkt des Weges befunden hat!

Ja, ich denke, das sollte das Problem gewesen sein. Und nein, ich habe da nichts vergessen aufzuschreiben. Es gibt einfach nicht mehr Informationen! Rudi und ich sind auch etwas ratlos. Wir wissen absolut nichts darüber, mit welchem Tempo der Wanderer an den beiden Tagen gelaufen ist, vielleicht ja sogar mal schnell, mal langsam oder ob und wann er Pausen gemacht hat. Wie sollen wir da irgendetwas auch noch *beweisen*? Also auch noch eine klare Begründung für die Behauptung finden, dass er zu irgendeiner Uhrzeit am gleichen Punkt des Weges war. Wir wissen doch gar nicht, wo er wann war! Es ist echt verzwickt! Na, hast Du vielleicht eine Idee? Denk mal mit nach!

Was?! Du meinst, das hat doch überhaupt nichts mit Mathematik zu tun?! Naja, ich schrieb Dir ja bereits, dass Mathematik nicht nur mit Rechnen und mit Formeln auswendig Lernen und Anwenden zu tun hat. Mathematik ist auch eine Art zu denken, Probleme zu strukturieren und zu lösen. Man versucht herauszufinden, was überhaupt der Kern des Problems ist. Quasi das eigentliche Problem im Problem. Man versucht, versteckte Zusammenhänge zu entdecken, die man dann für die Lösung ausnutzen kann. Oder man versucht, das Problem auf andere Probleme zurück zu führen, die man schon lösen kann. Diese Fähigkeiten muss ein Mathematiker erst einmal lernen und viel üben. Aber sie sind sehr praktisch auch für ganz alltägliche Probleme, ob mathematischer Natur oder nicht. Und man muss kein Mathematiker sein oder werden, um diese Problemlösungstechniken zu lernen!

„Hallo!", schreckt mich eine Wanderin auf, die mir entgegenkommt. „Ha-hallo!", stammle ich etwas verdattert zurück. Und ich stutze. Drehe mich um und schaue der Wanderin hinterher, die meine Zwillingsschwester gewesen sein können, wenn ich denn eine hätte. Naja, vielleicht habe ich mich ja auch nur getäuscht. Hihi, schon ein komischer Gedanke, sich selbst oder einer Kopie seiner selbst zu begegnen. Oh! Natürlich! Ich schlage mir mit der flachen Hand vor die Stirn. Das ist die Lösung! Ich habe sie gefunden und sie ist so unglaublich einfach und offensichtlich, dass ich tatsächlich zu glauben beginne, ich habe bis jetzt den Wald vor lauter Bäumen nicht gesehen! Das ist genau so ein Geistesblitz, den ich Dir weiter oben beschrieben habe. Ich frage mich, ob ich diesen Geistesblitz auch gehabt hätte, wenn „mein Zwilling" ohne zu grüßen an mir vorbei gegangen wäre, ohne mich aus meinen Gedanken zu reißen.

Nun, wie geht meine Lösung? Vielleicht hast Du sie ja mittlerweile auch schon gesehen. Vielleicht auch nicht. Also, mein Trick ist: ich lasse in Gedanken den Wanderer an einem Tag den Berg hinauf laufen und anstatt ihn erst am anderen Tag wieder hinunter laufen zu lassen, lasse ich eine „Zwillings"-Kopie von ihm am gleichen ersten Tag mit exakt dem gleichen Tempo den Berg hinunter wandern, wie es das Original erst am zweiten Tag tut. Bildlich gesprochen lege ich also beide Wandertage gedanklich übereinander. Und egal, wie der Wanderer den Berg hinaufläuft, und egal, wie sein Zwilling den Berg am gleichen Tag hinabläuft, sie müssen sich irgendwann treffen, da sie ja exakt den gleichen Wanderweg entlangwandern. Bergauf beziehungsweise bergab. Und wenn sie sich treffen, sind sie zur gleichen Uhrzeit am gleichen Ort. Was zu beweisen war!

Hah! Das muss ich gleich Rudi erzählen. Der wird Augen machen!

Liebe Grüße

Deine 3,7

PS: Mathematiker schreiben oft unter einen Beweis „w.z.b.w." oder, wenn sie besonders intelligent aussehen wollen, „q.e.d.". Die Bedeutung der ersten Abkürzung hast Du vielleicht schon erraten: „was zu beweisen war". Das hatte ich oben ja auch geschrieben. „q.e.d." bedeutet „quod erat demonstrandum", und sagt das Gleiche auf Latein. Angeber! Lach.

DAS SCHUBFACHPRINZIP

Lieber Erdling,

na, scheint bei Dir auch gerade die Sonne? Bei uns ja. Aber Rudi ist total genervt. Er muss nämlich endlich mal wieder sein Zimmer aufräumen. Überall im Zimmer liegen seine Socken herum! Rote, grüne, gelbe und blaue. Was für ein Chaos!

Oh, Rudi ist schon fertig! Wow. Das ging aber diesmal schnell. (Nun gut, da es hier ja keine Zeit gibt, ging es nur gefühlt schnell.) Breit grinsend fliegt er an mir vorbei in den Garten zum Spielen. Na, da bin ich doch mal neugierig und schau in sein Zimmer. Boah! Keine einzige Socke ist mehr zu sehen! Respekt, Rudi! Halt! Aus dem Wäschekorb sehe ich eine Socke hervor lunzen. Der wird doch nicht...tatsächlich! Rudi hat alle Socken einfach bunt gemixt in seinen Wäschekorb geworfen. So ein Schlingel! Na warte, du kleiner Schelm! Das nächste Mal darfst du Deine Socken im Dunkeln aus dem Korb holen. Viel Spaß dabei, zwei gleichfarbige Socken zu finden! Hihi. Tja, ein wenig Ordnung kann nicht schaden, stimmt's?!

Hmm, da stellt sich mir doch die Frage, wie viele Socken Rudi im Dunkeln aus dem Korb nehmen muss, um sicher zwei gleichfarbige Socken dabei zu haben? Nimmt er nur zwei, dann muss er schon sehr viel Glück haben, dass dies zwei rote, zwei grüne, zwei gelbe oder zwei blaue Socken sind. Nimmt er gleich drei oder gar vier Socken, dann stehen seine Chancen schon besser, dass davon zwei die gleiche Farbe haben und er sie anziehen kann. Aber auch wenn er vier Socken zieht, könnte er natürlich auch Pech haben und er erwischt genau eine Socke jeder Farbe. Er sollte also mindestens fünf Socken im Dunkeln aus dem Korb ziehen. Dann hat er aber auch ganz sicher *mindestens* ein Paar gleichfarbige Socken dabei. (Mit Glück vielleicht ja auch zwei Paar.) Hör mal kurz auf mit Lesen und überlege Dir, *warum* er immer ein Paar gleichfarbiger Socken haben muss, wenn er fünf Socken zieht, die eine der vier Farben Rot, Grün, Gelb und Blau haben!

Na, hast Du eine Begründung, einen Beweis, gefunden? Was?! Das ist doch offensichtlich?! Naja, wenn man den Grund einmal gesehen hat, dann ist er wirklich recht einfach. Es handelt sich hierbei um das sogenannte *Schubfachprinzip*. Das Prinzip hat angeblich schon der Mathematiker Johann Peter Gustav Lejeune Dirichlet benutzt, der im 19. Jahrhundert auf Deinem Planeten lebte. (Du siehst, Rudis Sockenproblem ist nicht wirklich neu.) Das Prinzip geht so:

> Wenn man Socken in Schubfächer tun möchte und man hat mehr Socken als Schubfächer, dann gibt es ein Schubfach, in dem mindestens zwei Socken landen.

Das ist ja nun wirklich offensichtlich und lässt sich ganz einfach beweisen: Wenn ich in jedes Schubfach höchstens eine Socke packe, dann würde ich ja höchstens so viele Socken wegpacken, wie ich Schubfächer habe. Ich habe aber *mehr* Socken als Schubfächer. Also muss in einem Schubfach mehr als eine Socke landen. Was zu beweisen war! (Erinnerst Du Dich noch, wie Mathematiker das abkürzen?! Genau! Mit „w.z.b.w." oder hochtrabender mit „q.e.d." für die lateinische Übersetzung „quod erat demonstrandum".)

Das Prinzip funktioniert natürlich auch, wenn man andere Sachen auf die Schubfächer verteilen möchte: Kaugummis, Handschuhe, Bleistifte…such es Dir aus! Das große Problem ist oft, herauszufinden, was die Schubfächer sind und welche Dinge man auf die Schubfächer verteilen möchte. Im obigen Beispiel mit Rudis Socken hatten wir 4 Schubfächer, die wir mit „Rot", „Grün", „Gelb" und „Blau" beschriften könnten. Wenn wir anschließend 5 Socken entsprechend ihrer Farbe den Schubfächern zuordnen, dann gibt es also ein Schubfach, das zwei Socken enthält. Und weil wir die Socken entsprechend ihrer Farbe auf die

Schubfächer verteilt haben, haben diese beiden Socken die gleiche Farbe! q.e.d.

Ähnlich können wir auch zeigen, dass unter drei Erdlingen mindestens zwei das gleiche Geschlecht haben. Hier tragen die beiden Schubfächer die Bezeichnungen „männlich" und „weiblich" und wir tun diesmal ganze Erdlinge entsprechend ihres Geschlechts in diese beiden Schubfächer. Ganz klar, eines der beiden Schubfächer enthält dann mindestens zwei Erdlinge, die damit auch das gleiche Geschlecht haben.

Gut, das ist noch nicht wirklich beeindruckend. Aber mit dem gleichen Prinzip kann man zeigen, dass es zum Beispiel in einer irdischen Großstadt wie München oder Berlin oder New York zwei Erdlinge gibt, die *exakt* die gleiche Anzahl an Haaren auf dem Kopf haben! Das glaubst Du nicht?! Na denn: Kein Erdling hat 1.000.000 (eine Million) Haare auf dem Kopf. (Es sind eher maximal so um die 300.000.) In München leben aber weit mehr als eine Million Erdlinge. Wenn wir jetzt eine Million (!) Schubfächer mit 0, 1, ..., 999.999 beschriften und dann die Einwohner von München nach ihrer Haaranzahl auf diese Schubfächer verteilen, dann landen in mindestens einem Schubfach mindestens zwei Münchner...mit der gleichen Anzahl an Haaren auf dem Kopf! Offensichtlich, oder?! q.e.d.

Ja, klar, das wäre natürlich ein enormer Aufwand, all diese Haare zu zählen! Aber das müssen wir gar nicht! Allein unser Gedanken-Experiment genügt, um zu wissen, dass es zwei solche Erdlinge mit gleicher Haaranzahl in München geben *muss*. Wir wissen natürlich nicht, *wer genau* zwei solche Personen sind. Dazu müssten wir wohl sehr viele Haare zählen. Genauso wenig wissen wir, welche zwei der fünf Socken, die Rudi aus seinem Korb zieht, die gleiche Farbe haben werden und welche Farbe dies sein wird. Wir haben lediglich die *Existenz* solcher speziellen Socken beziehungsweise Erdlinge bewiesen. Deswegen nennen Mathematiker das auch einen *Existenzbeweis*.

Genau wie bei dem Treffpunkt des Wanderers in meinem letzten Brief. Wir haben gezeigt, dass es einen Zeitpunkt gab, an dem der Wanderer an beiden Tagen am gleichen Punkt am Berg war. Aber wir wissen nicht, wann und wo genau das war. Nur dass dieser Zeitpunkt und der Treffpunkt *existieren* muss. Das war also auch ein *Existenzbeweis.*

Ich denke, also bin ich...müde. Gähn.

Gute Nacht und bis demnächst
Deine 3,7

PS: Weißt Du, wie viele Socken Rudi letztlich im Dunkeln aus dem Korb genommen hat? Nur zwei! Eine rote und eine blaue. Die hat er dann angezogen und ist grinsend davongeflogen. Frechdachs!

ALLES PRIM HEUTE?!

Lieber Erdling,

Rudi ist gerade gar nicht gut gelaunt. Er hatte seine Primzahlsammlung an einen Freund ausgeliehen und nun hat er sie wiederbekommen, aber die Primzahlen sind total durcheinander! Nun muss er sie ganz mühsam wieder in die richtige Reihenfolge bringen.

Wie?! Du weißt nicht, was eine Primzahl ist?! Ach komm! Das wusste Rudi schon im Kindergarten! Okay, vielleicht geht man ja auf der Erde keine gefühlte Ewigkeit in den Kindergarten und kann da gar nicht soviel lernen, wie man gerne möchte. Na gut, dann erzähle ich es Dir eben jetzt! Eine *Primzahl* ist eine natürliche Zahl (also 1, 2, 3, ...), die *genau* 2 Teiler hat: 1 und sich selbst. Die 1 ist also *keine* Primzahl, da sie nur *einen* Teiler hat. Die 2 und die 3 sind Primzahlen.

Die 4 ist keine Primzahl (sondern eine *zusammengesetzte Zahl*), da sie sich neben 1 und 4 auch durch 2 teilen lässt. Genauso wie 6, 8, 10 und jede andere gerade Zahl größer als 2. Die 2 ist also die einzige *gerade* Primzahl! Frag doch mal Deine Eltern, ob die das wissen!

Wenn Rudi mit dem Sortieren seines Primzahlalbums fertig ist, wird es darin also folgendermaßen losgehen:

2, 3, 5, 7, 11, 13, 17, 19, 23, 29, 31, 37, 41, 43, 47, ...

Jaja, ich weiß, was Deine nächste Frage ist. Taugen Primzahlen auch noch zu etwas anderem als zum Sammeln oder Eltern beeindrucken? Primzahlen sind doch bestimmt wieder nur so eine mathematische Spielerei, aber in der Praxis braucht das doch niemand. Pah! Da irrst Du Dich aber gewaltig! Auf Deinem Planeten werden Passwörter und sonstige wichtige Daten zum Schutz verschlüsselt, damit niemand sie lesen kann, der das nicht darf. Zum Beispiel wird so Dein gespartes Geld bei Banken geschützt. Diese Daten-Verschlüsselungen benutzen dabei gigantisch große Primzahlen! Und sie nutzen aus, dass es scheinbar noch keinem Erdling gelungen ist herauszufinden, wie man gaaanz große Zahlen als Produkt von Primzahlen schreibt.

Lass uns dieses sogenannte *Faktorisierungsproblem* mal genauer anschauen. Als erstes überzeuge ich Dich mal davon, dass sich jede natürliche Zahl als Produkt von Primzahlen schreiben lässt, wie zum Beispiel $28 = 2 \cdot 2 \cdot 7$.

Wir fangen einfach an: Ist die Zahl selbst eine Primzahl, dann ist dieses Produkt kein wirkliches

Produkt, wie Du es kennst. Es hat nur einen Faktor, wie in 7 = 7. Na gut, lassen wir uns davon mal nicht irritieren.

Falls die Zahl, wie zum Beispiel die 28, keine Primzahl ist, dann hat sie einen echten Teiler, der weder 1 oder die Zahl selbst ist. Sie lässt sich also als Produkt zweier echt kleinerer natürlicher Zahlen darstellen, zum Beispiel als 28 = 4·7. Diese beiden Faktoren, 4 und 7, sind nun entweder Primzahlen oder sie lassen sich ebenfalls als Produkt noch kleinerer natürlicher Zahlen darstellen. 7 ist eine Primzahl, aber 4 = 2·2. Damit ist also 28 = 2·2·7. Alle drei Faktoren sind Primzahlen und wir sind fertig.

Auf diese Weise kann man *jede* natürliche Zahl größer als 1 als Produkt von Primzahlen darstellen, da die einzelnen Faktoren in jedem Schritt immer kleiner werden und die Faktoren sich damit irgendwann nicht mehr als Produkt zweier kleinerer natürlicher Zahlen darstellen lassen.

Und noch toller: Bis auf die Reihenfolge der Primzahlfaktoren ist diese Produktdarstellung sogar eindeutig! *Egal* in welcher Reihenfolge wir unsere Zahl in immer kleinere Faktoren zerlegen! Die 28 hätten wir auch so zerlegen können:

$$28 = 14 \cdot 2 = (2 \cdot 7) \cdot 2 = 7 \cdot 2 \cdot 2$$

Wir erhalten die gleichen Primzahlen als Faktoren. Cool, was?!

Auch wenn das Faktorisieren bei der 28 so einfach aussieht, weiß selbst heutzutage kein Erdling, ob dieses *Faktorisierungsproblem* nun einfach oder schwierig ist! Für große Zahlen kann es jedenfalls kein Erdling schnell lösen. Ich könnte Dir die Antwort darauf zwar verraten, aber ich habe Rudi versprochen, dass ich sein Geheimnis nicht ausplaudere. Tut mir leid.

Aber Du kannst es ja mal selbst probieren: Es ist leicht zu sehen, dass 21 (neben den trivialen Teilern 1 und 21) nur durch 3 und 7 teilbar ist, also ist 21 = 3·7. Ein wenig schwieriger ist da schon 143 = 11·13 herauszubekommen. Aber was ist zum Beispiel mit 608057? Welche Teiler hat diese Zahl? Hah! Das ist schwierig, stimmt's?! Okay, ich verrate es Dir: 608057 = 19·32003, wobei 19 und 32003 Primzahlen sind. Und nun stell Dir vor, dass die Verschlüsselungssysteme nicht solche winzig kleinen Zahlen wie 608057 verwenden, sondern Zahlen mit *mehreren hundert Ziffern*!!! Und diese Zahlen sind so konstruiert, dass sie nur zwei Primzahlen als Teiler haben, die beide ebenfalls mehrere hundert Ziffern haben! Ganz klar, dass diese beiden Faktoren noch immer kein Erdling so schnell finden kann. Naja, zumindest glaubt das so ziemlich jeder, dass das nicht so einfach ist. Puh! Bei so großen Zahlen schwirrt mir gleich der Kopf.

Also lass uns lieber mal über andere coole Dinge reden. Zum Beispiel, dass es unendlich viele

Primzahlen gibt! Mittlerweile hast Du ja bestimmt keine Angst mehr vor dem Unendlichen, oder?! Gut! Dann lass uns mal schauen, wie wir diese Behauptung mathematisch sauber beweisen könnten. Oder zumindest so überzeugend, dass Du Deine Eltern noch ein zweites Mal verblüffen kannst.

Also, wie können wir beweisen, dass es *unendlich* viele Primzahlen gibt? Hmm, gute Frage. Da hilft uns ein kleiner Trick! Wir nehmen einfach mal in Gedanken an, das Gegenteil sei richtig. Unsere *Gegenannahme* ist also: „Es gibt nur endlich viele Primzahlen." Wenn wir jetzt herausfinden, dass diese Annahme zu etwas führt, das nicht stimmt, so muss unsere Gegenannahme falsch sein. Was wiederum heißt, dass unsere ursprüngliche Aussage „Es gibt unendlich viele Primzahlen." stimmt und unser Beweis ist komplett. (Dieser mathematische Beweisansatz nennt sich übrigens *indirekter Beweis*, da man die Aussage nicht direkt beweist, sondern den Umweg über die Gegenannahme geht. Diese Technik hatten wir übrigens schon beim Schubfach-Prinzip im letzten Brief verwendet.)

Na gut, nehmen wir also an, es gäbe nur endlich viele Primzahlen. Sagen wir, es seien k Stück, wobei k sicherlich eine ziemlich große Anzahl sein dürfte. Dann ziehen wir diesen Primzahlen jetzt der Reihe nach T-Shirts an, auf denen ihr Name beziehungsweise ihr Wert p_1, p_2 und so weiter bis p_k steht. Und dann betrachten wir mal die natürliche Zahl

$$p = p_1 \cdot p_2 \cdot p_3 \cdot \ldots \cdot p_k + 1$$

Was wissen wir über diese Zahl, außer dass sie unglaublich groß ist? Naja, als erstes sehen wir, dass wir p so konstruiert haben, dass p beim Teilen durch jede der Primzahlen $p_1, \ldots, p_k$ den Rest 1 lässt. (Siehst Du warum?) Außerdem ist p auch offenbar größer als jede der Primzahlen $p_1, \ldots, p_k$. Nun gibt es zwei Möglichkeiten: (1) p ist auch eine Primzahl oder (2) p ist eben keine Primzahl. Jaja, ich weiß, das ist wirklich offensichtlich, dass eines von beiden stimmen muss. Wir wissen aber nicht, welcher dieser beiden Fälle nun gilt. Also müssen wir uns beide Fälle einzeln genauer anschauen:

1. p ist eine Primzahl. Da p nach unserer Konstruktion größer als jede der Primzahlen $p_1, ..., p_k$ ist, ist dies eine Primzahl ohne T-Shirt (sprich, keine der uns bekannten Primzahlen) und das ist ein Widerspruch zu unserer Annahme, dass $p_1, ..., p_k$ die einzigen Primzahlen sind. Wir hätten ja eine weitere Primzahl konstruiert.

2. p ist keine Primzahl. Dann lässt sich p als Produkt von Primzahlen darstellen. Allerdings kann keine der uns bekannten Primzahlen $p_1, ..., p_k$ in diesem Produkt vorkommen, denn p lässt beim Teilen durch jede dieser Primzahlen nach unserer Konstruktion den Rest 1, ist also durch keine der Primzahlen $p_1, ..., p_k$ teilbar. Also muss in diesem Produkt wieder eine Primzahl ohne T-Shirt vorkommen, die wir noch nicht kennen, und wir erhalten erneut einen Widerspruch zu unserer Annahme, dass $p_1, ..., p_k$ die einzigen Primzahlen sind.

Da dies die zwei einzigen Möglichkeiten für p waren (p ist Primzahl oder p ist es nicht), und da beide Möglichkeiten zu einem Widerspruch führen, kann unsere Gegenannahme, dass es nur die endlich vielen Primzahlen $p_1, ..., p_k$ gibt, nicht stimmen. Es muss also unendlich viele Primzahlen geben! q.e.d.

Puh, das war ganz schön kompliziert. Ich glaube, ich brauche erstmal eine Pause. Bis demnächst mal wieder!

Deine 3,7

1001 Zaubertrick

Lieber Erdling,

na, wie geht es Dir heute? Hast Du Lust, etwas zu zaubern? Na, dann verblüffe doch Deine Freunde mal mit folgendem Zaubertrick, den Rudi heute mit mir gemacht hat! Deine Freunde brauchen dafür allerdings ein Blatt Papier, einen Stift und besser noch einen Taschenrechner. Rudi war so lieb und hat mir seinen kurz geborgt.

„Also, los geht's!", sagte Rudi, „Bitte merke Dir eine beliebige dreistellige Zahl! Aber behalte sie für Dich!" Nun gut, das ist nicht weiter schwierig. 167. (Wenn Du magst, dann folge Rudis Anweisungen mit Deiner eigenen Zahl!) Und nun? „Jetzt schreibe die gleiche Zahl noch einmal dahinter." Gut, kein Problem. 167167. Soweit ganz einfach. „Jetzt teile diese Zahl durch 7." Ich atme tief

Luft ein. „Nur zu! Du wirst sehen, da kommt eine schöne Zahl heraus." Er grinst und zieht schelmisch eine Augenbraue nach oben. Nur gut, dass ich jetzt Rudis Taschenrechner benutzen kann. Also schnell 167167:7 eingetippt und…welch Wunder! 167167 lässt sich tatsächlich ohne Rest in 7 Teile zerlegen: 23881 erscheint auf der Anzeige. Wow! Woher hat Rudi das nur gewusst? (Hat das bei Deiner Zahl auch geklappt?)

Während ich noch erstaunt auf die Zahl starre, macht Rudi weiter. „Und jetzt teile das Ergebnis durch 11." Etwas skeptisch schaue ich ihn an. Na, ob das gut geht? Doch tatsächlich! Als ich 23881:11 in den Taschenrechner tippe, erhalte ich als Ergebnis 2171. Wieder ist alles glatt gegangen. Ich bin beeindruckt. Rudi lächelt und sagt „Und jetzt, abrakadabra, teile das Ergebnis durch 13 und staune!" Er verschränkt seine Arme, weitet seine Flügel aus und verbeugt sich majestätisch. Jetzt bin ich aber wirklich gespannt. Vorsichtig tippe ich 2171:13 in Rudis Taschenrechner und kann meinen Augen kaum trauen! 167.

Mit offenem Mund schaue ich auf die Zahl. Es ist genau die, die ich mir gemerkt habe! (Bei Dir auch?) Wie konnte Rudi nur wissen, dass sich alle meine Zahlen ohne Rest teilen ließen und zum Schluss genau meine gemerkte Zahl ergaben? Das konnte doch nur Magie sein. Mathemagie!

Rudi schaut wieder auf, sieht mein verdutztes Gesicht und fängt an zu lachen. So sehr, dass er sich über den Rasen unseres Gartens kugelt und gar nicht mehr aufhören kann. „Na gut, großer Mathemagier Rudi, verrätst Du mir das Geheimnis hinter diesem Zaubertrick?", flehe ich ihn an. Ich muss das wissen! Aber Rudi schüttelt nur mit dem Kopf. „Auch nicht für ein leckeres Schokoeis mit Quirkbeeren?" Hah! Wusste ich's doch. Damit krieg ich ihn immer! „Na gut, aber nur wenn Du ein Geheimnis bewahren kannst." Klar kann ich das. Du, lieber Erdling, doch sicher auch, oder?!

Und so geht der Zaubertrick. Als erstes hatte ich meine Zahl 167 zweimal hintereinandergeschrieben: 167167. Der erste Teil des Geheimnisses hinter dem Zaubertrick ist, dass 167167 genau 167·1001 entspricht.

Dafür rechnen wir zuerst 167 mal 1000 und rechnen dann noch einmal 167 hinzu. 167·1000 ist leicht zu berechnen. Einfach die drei Nullen der 1000 an die 167 anhängen: 167000. Fertig. Und jetzt noch einmal 167 dazu addiert: 167167.

So, nachdem wir diesen Teil des Geheimnisses gelüftet haben, nun der zweite Teil. Tipp mal 7·11·13 in Deinen Taschenrechner! Genau! Das macht auch 1001. Als ich 167167 nacheinander durch 7, 11 und 13 geteilt habe, habe ich also in Wirklichkeit 167167 insgesamt wieder durch 7·11·13 = 1001 geteilt.

Und damit ist das Rätsel gelöst. Zuerst habe ich 167 mit 1001 multipliziert (indem ich 167 zweimal hintereinandergeschrieben habe) und dann habe ich das Ergebnis 167167 wieder durch 1001 geteilt (und zwar in drei Schritten…erst durch 7, dann durch 11 und dann durch 13). Damit ist auch ganz klar, dass ich da wieder die gleiche Zahl herausbekommen muss, mit der ich gestartet bin! 167. Und das hätte genauso gut mit jeder anderen dreistelligen Zahl geklappt. Cooler Trick!

Viel Spaß beim Zaubern!

Deine 3,7

Das Haus des Nikolaus

Lieber Erdling,

ich weiß nicht, wie das Wetter bei Dir so ist, aber bei uns schneit es gerade. Rudi fliegt begeistert herum und versucht, ganz viele Schneeflocken mit seiner Zunge zu fangen. Währenddessen male ich versonnen das Haus vom Nikolaus in den Schnee. Zumindest versuche ich es. Aber es will mir einfach nicht gelingen!

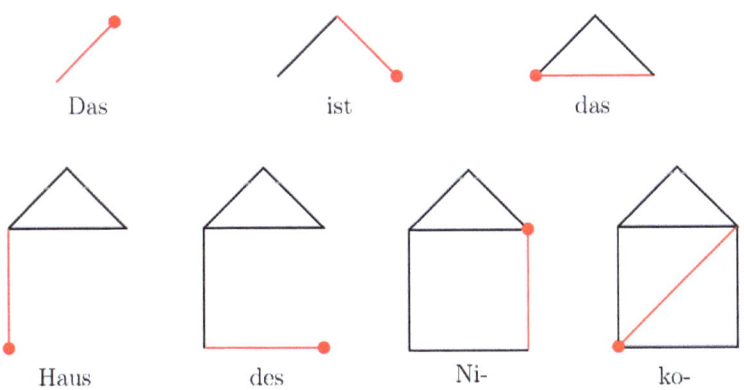

Mist! Schon wieder hat es nicht geklappt! Das darf doch nicht wahr sein! Ich weiß, dass es irgendwie möglich ist, das Haus in einem Zug zu zeichnen, ohne den Stift abzusetzen und ohne eine Linie doppelt zu malen. Doch immer vergesse ich, an welcher Ecke des Hauses ich anfangen muss. Rudi dagegen scheint einen Trick zu kennen. Bei ihm klappt es jedes Mal! Wirklich jedes Mal! Er kommt angeflogen und schwuppdiwupp hat er es wieder geschafft. Unglaublich!

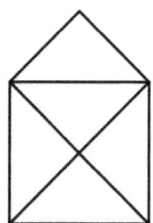

„Okay, Rudi, jetzt verrate mir doch endlich mal Deinen Trick!", bitte ich ihn, mir auf die Sprünge zu helfen. Er feixt nur. Aber dann ist er doch so lieb, und lüftet sein Geheimnis. Oh Mann, wenn man es erst einmal weiß, ist es wirklich total einfach, das Haus des Nikolaus *jedes* Mal in einem Zug aufzumalen!

Dafür müssen wir uns nur die beiden unteren Ecken des Hauses anschauen.

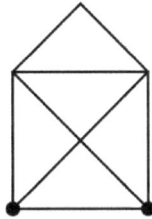

An jeder dieser unteren Ecken enden 3 Linien. Und genau deswegen muss der gesuchte Linienzug an einer dieser beiden Ecken anfangen und an der anderen enden! Wieso? Ganz einfach!

Jedes Mal, wenn unser Linienzug eine Ecke passiert, malen wir eine Linie zu der Ecke hin und eine Linie von der Ecke weg. Das sind also 2 Linien. Passieren wir die Ecke nochmals, kommen wieder 2 Linien hinzu. An einer Ecke, die nicht am Ende des Linienzuges ist, müssen also eine gerade Anzahl (0, 2 oder 4) Linien enden. Da an die beiden unteren Ecken aber 3 Linien enden (eine ungerade Anzahl!), müssen diese Ecken also am Ende des Linienzuges sein!

Und es wird noch besser! Wenn wir an einer der beiden unteren Ecken anfangen, unseren Linienzug zu malen, und erst dann die Linie zur anderen unteren Ecke zeichnen, wenn wir müssen, dann entsteht stets das gesamte Haus des Nikolaus!

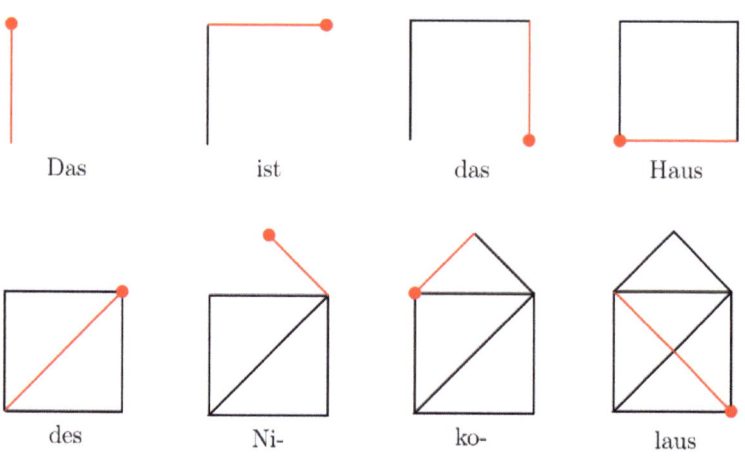

Also, lieber Erdling, wenn Du das nächste Mal das Haus des Nikolaus malen willst, suche Dir eine Ecke, an der ungerade viele Linien enden und fange dort an. Dann klappt es bestimmt!

Na gut, Rudi und ich werden nun noch ein wenig im Garten spielen. Vielleicht hast Du ja Lust, noch folgende zwei Bilder zu malen, ohne den Stift abzusetzen und ohne eine Linie doppelt zu malen:

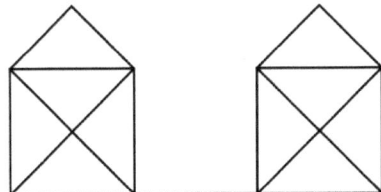 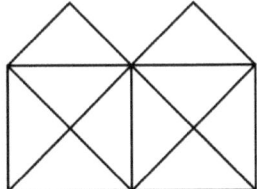

Viel Spaß!
Deine 3,7

DOPPELHAUS-MALEREI

Lieber Erdling,

na, hast Du es geschafft, beide Doppelhäuser zu malen? Das erste Doppelhaus war sicher kein großes Problem, oder?! Was? Du hast da ganz lange rumprobiert? Naja, nicht so schlimm. Aber kurz nachdenken ist ja manchmal echt hilfreich. Ich hatte Dir im letzten Brief erklärt, welche Ecken Anfangs- und Endpunkte des Linienzuges sein müssen. Erinnerst Du Dich? Genau! Wir müssen für jede Ecke zählen, wie viele Striche an ihr angrenzen:

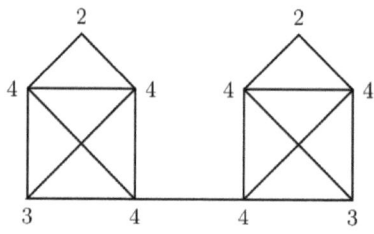

Damit ist also ganz klar, dass Du entweder links unten oder rechts unten mit dem Linienzug beginnen musst, da hier ungerade viele Linien enden. Jetzt ist es doch ganz einfach, oder?! Du malst erst das eine Haus, dann kommt der Querstrich in der Mitte und dann malst Du das zweite Haus. Gar nicht so schwer, stimmt's?!

Und, hast Du auch das zweite Doppelhaus zeichnen können? Was?! Das hast Du nicht geschafft? Echt nicht? Hmm, vielleicht geht es ja auch gar nicht?! Hihi. Richtig! Es geht nicht. Aber wie können wir das beweisen, ohne alle möglichen Linienzüge durchzuprobieren? Na, hast Du eine Idee? Nein?! Na, dann lass uns das Problem doch mal untersuchen. Vielleicht fällt uns ja etwas auf. Als erstes schauen wir mal, ob wir auch für dieses Doppelhaus durch Zählen Informationen gewinnen können, wo der gesuchte Linienzug anfangen sollte:

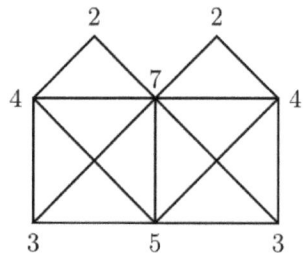

Ha! Fällt Dir etwas auf? Richtig! Es gibt 4 Ecken, an denen eine ungerade Anzahl (3, 5 beziehungsweise 7) Linien enden. Diese Ecken können damit nur am Anfang oder Ende des gesuchten Linienzuges sein. Da der Linienzug aber nur zwei und keine vier Enden hat, kann man dieses Doppelhaus definitiv nicht zeichnen, ohne abzusetzen oder eine Linie doppelt zu zeichnen.

Man kann das Doppelhaus jedoch ohne abzusetzen zeichnen, wenn man die gemeinsame Häuserwand (also die Verbindungslinie zwischen der 5 und der 7) zweimal zeichnen darf. Der Einfachheit halber zeichnen wir die beiden Wände nicht übereinander, sondern leicht versetzt und zählen erneut:

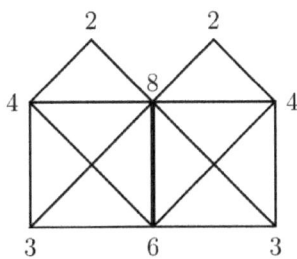

Ich denke, das Zeichnen gelingt Dir jetzt ganz leicht, oder?!

Liebe Grüße

Deine 3,7

Immer schön der Reihe nach

Lieber Erdling,

geht es Dir gut heute? Rudi und ich sind bestens gelaunt. Die Sonne scheint und wir lassen es uns im Garten gut gehen. Während ich ein spannendes Buch gelesen habe, ist Rudi quietschend um den Blumensprinkler gehüpft und hat sich nass spritzen lassen. Was für ein Gaudi, sag ich Dir! Dann haben wir es uns auf der Schaukel gemütlich gemacht, haben die Füße baumeln lassen und ein Schokoeis geschleckt. Mmmhhh, das war so lecker! Wir würden bestimmt immer noch auf der Schaukel faulenzen, wenn Rudi nicht ein neues Quirkblatt entdeckt hätte. Und ab da haben wir ganz viel mit bunten Murmeln rumgespielt. Das haben wir schon lange nicht mehr gemacht. Aber mal von vorn. Auf dem Quirkblatt stand heute folgende Frage:

Auf wie viele verschiedene Arten kann man 3 verschiedenfarbige Kugeln in einer Reihe anordnen?

Wie viele Möglichkeiten gibt es für 4, 5 oder gar beliebig viele verschiedenfarbige Kugeln?

Husch! So schnell habe ich Rudi noch nie fliegen sehen. Und schwuppdiwupp war er mit seinem Murmelbeutel wieder zurück. Wir nahmen eine rote, eine blaue und eine grüne Murmel heraus und haben versucht, diese auf unterschiedliche Weisen in eine Dreierreihe zu legen. Wenn Du magst, kannst Du es ja selbst erst einmal versuchen, bevor Du weiterliest. Wie viele Möglichkeiten findest Du?

Wir probierten und probierten. Aber so sehr wir uns auch anstrengten, wir fanden nur die folgenden 6 Möglichkeiten:

Aber gibt es vielleicht noch mehr Möglichkeiten? Wie viele hast Du denn gefunden? Ich glaube, wir müssen da genauer darüber nachdenken. Fangen wir vielleicht einfach mal mit nur 2 Kugeln an. Da ist es ja ganz einfach. Wir haben zwei freie Plätze

○ ○

und zwei Kugeln: eine blaue und eine rote. Für den ersten Platz (ganz links) haben wir 2 Möglichkeiten. Die erste Kugel ist entweder blau oder rot. Für den zweiten freien Platz haben wir dann keine Wahl mehr, denn es bleibt nur eine Kugel für den letzten freien Platz übrig. Haben wir den ersten Platz mit der blauen Kugel gefüllt, muss auf den zweiten Platz die rote. Haben wir dagegen den ersten Platz mit der roten Kugel belegt, muss auf den zweiten die blaue:

Es gibt also genau 2·1 = 2 Möglichkeiten und wir haben definitiv keine vergessen!

Versuchen wir es jetzt mal mit drei Kugeln. Hier haben wir zu Beginn drei freie Plätze.

Für den Platz ganz links haben wir 3 Kugeln zur Auswahl. Die erste Kugel ist entweder grün, blau oder rot. Haben wir den ersten Platz belegt, zum Beispiel mit der grünen Kugel, dann haben wir für die beiden freien Plätze

nur noch zwei Kugeln übrig. (Im Beispiel nur die blaue und die rote.) Dafür kennen wir aber schon die Lösung! Dafür gibt es genau 2·1 = 2 Möglichkeiten. Die einzigen Anordnungen unserer Kugeln, wo die grüne Kugel ganz links liegt, sind

Mehr gibt es nicht! Ähnlich finden wir genau zwei Möglichkeiten, wo die blaue Kugel ganz links liegt

und genau zwei Möglichkeiten, wo die rote Kugel ganz links liegt.

Damit haben wir alle Möglichkeiten für die erste Kugel durchprobiert und somit alle Möglichkeiten gefunden, drei verschiedenfarbige Kugeln in einer Dreierreihe anzuordnen. Es sind also genau die 3·2·1 = 6 Anordnungen, die wir schon gefunden haben.

Super, das war ja gar nicht so schwierig, oder?! Und wie viele Möglichkeiten gibt es bei vier Kugeln? Rudi holt noch eine gelbe Kugel aus dem Beutel und fängt fleißig an, bunte Reihen zu legen. Aber bald gibt er genervt auf. „Na, Rudi, warum denken wir nicht weiter in Ruhe nach?", muntere ich ihn auf. Also, es gibt vier freie Plätze:

Für den ersten Platz haben wir 4 mögliche Kugeln zur Auswahl. Haben wir eine Kugel ausgewählt (zum Beispiel die gelbe), haben wir für den zweiten Platz noch 3 Kugeln zur Auswahl (in unserem Beispiel die rote, die blaue und die grüne). „Hah!", ruft Rudi aufgeregt, „Diese 3 Kugeln können wir auf genau 3·2·1 = 6 Arten anordnen! Das haben wir ja gerade herausgefunden." Na, das hat mein kleiner Schnellmerker Rudi aber gut beobachtet! Es gibt also genau 6 mögliche Anordnungen mit 4 Kugeln, wo die gelbe Kugel ganz links liegt. Genauso finden wir heraus, dass es jeweils genau 6 Möglichkeiten gibt, wo links die grüne Kugel, die blaue Kugel beziehungsweise die rote Kugel liegt. Insgesamt gibt es also 4·3·2·1 Möglichkeiten, 4 verschiedenfarbige Kugeln in einer Reihe anzuordnen. Rudi holt gleich seinen Taschenrechner hervor und rechnet das schnell aus. „24", ruft er jubelnd. Wow. Da hätten wir aber ganz schön rumprobieren müssen, um all diese Möglichkeiten zu finden!

Na, erkennst Du schon ein Muster? Bei zwei Kugeln hatten wir 2·1 = 2 Möglichkeiten. Bei drei Kugeln waren es 3·2·1 = 6 und bei vier Kugeln bereits 4·3·2·1 = 24 Möglichkeiten. Ich denke, Du erkennst das Muster, oder?! Mit 5 verschiedenfarbigen Kugeln gibt es 5·4·3·2·1 = 120 mögliche Anordnungen. Ganz klar, stimmt's?! Für den ersten Platz haben wir 5 Kugeln zur Auswahl und die restlichen 4 Plätze können wir mit den 4 verbliebenen Kugeln auf genau 4·3·2·1 Arten füllen.

Und mit diesem Argument können wir sogar ganz schnell ausrechnen, wie viele Möglichkeiten es gibt, 10 verschiedenfarbige Kugeln in einer Reihe anzuordnen. Na, kannst Du das ausrechnen? Nein?! Naja, im Kopf kann ich das auch nicht, aber ich weiß zumindest, dass es genau

$$10·9·8·7·6·5·4·3·2·1$$

Möglichkeiten gibt. Wenn ich gaaanz viel Langeweile gehabt hätte, hätte ich das sicher auch selbst ausrechnen können, aber Rudi tippt schon fleißig in seinen Taschenrechner und ruft „Das sind also 3628800 Anordnungen!" Puh, wieder so eine große Zahl! Was, Du kannst die Zahl nicht lesen?! Dann lass sie uns wieder mit ein paar Hilfspunkten unterteilen und dann wird es einfacher: 3.628.800. Es sind also

Dreimillionen.sechshundertachtundzwanzigtausend.achthundert

Achja! Vergiss nicht, beim Unterteilen in Dreiergruppen immer schön von hinten anzufangen!

So, bevor Rudi und ich gleich den Sonnenuntergang genießen, verrate ich Dir noch, dass Mathematiker ein ziemlich schreibfaules Völkchen sind! (Pssst! Das ist ein Geheimnis! Aber ich denke, bei Dir ist es sicherlich gut aufgehoben, oder?!) Sie haben keine Lust, ständig so lange Sachen wie

$$10 \cdot 9 \cdot 8 \cdot 7 \cdot 6 \cdot 5 \cdot 4 \cdot 3 \cdot 2 \cdot 1$$

zu schreiben. Und deswegen haben sie ihre eigene Geheimsprache entwickelt, die für viele Erdlinge ziemlich unverständlich ist. Dabei ist sie gar nicht so schwierig. Aber man muss sie natürlich auch lernen und hin und wieder üben. Anstatt

$$10 \cdot 9 \cdot 8 \cdot 7 \cdot 6 \cdot 5 \cdot 4 \cdot 3 \cdot 2 \cdot 1$$

schreiben Mathematiker übrigens nur

$$10!$$

und sie lesen und sprechen das als „10 Fakultät". Um 10! auszurechnen, muss man also alle Zahlen von 1 bis 10 miteinander multiplizieren. (Die sind oben nur in umgekehrter Reihenfolge aufgeschrieben.) Verstanden? Ja?! Dann weißt Du jetzt bestimmt auch, was Mathematiker meinen, wenn sie 7! auf ein Blatt Papier kritzeln, oder?! Und, kannst Du 7! auch ausrechnen? Du darfst gerne auch Deinen Taschenrechner benutzen.

Oh, die Sonne geht unter! Wow, was für wundervolle Farbkombinationen! Gelb, grün, blau, rot, …Rudi ist schon eingeschlafen und träumt sicherlich davon, auf wie viele verschiedene Arten er die 11 Farben des Sonnenuntergangs anordnen könnte. Weißt Du es?

Gute Nacht für heute!
Deine 3,7

PS: Mathematiker haben für all diese Anordnungen von Kugeln oder anderen Sachen einen Code-Namen erfunden, den sie verwenden, damit sie nicht jeder verstehen kann: *Permutationen*.

WIE GUT SIND DIE CHANCEN?

Lieber Erdling,

na, hast Du gut geschlafen? Oder hast Du noch geknobelt? Ja?! Dann hast Du sicherlich auch herausgefunden, dass die 11 Farben unseres Sonnenuntergangs auf genau 11! verschiedene Arten angeordnet werden können. Rudi war so lieb und hat mir das auf seinem neuen Taschenrechner gleich ausgerechnet. (Der hat sogar direkt eine Taste dafür! Wow. Was es alles so gibt!)

$$11! = 11 \cdot 10 \cdot 9 \cdot 8 \cdot 7 \cdot 6 \cdot 5 \cdot 4 \cdot 3 \cdot 2 \cdot 1 = 39.916.800$$

Das sind fast 40 Millionen Möglichkeiten! Wenn Du bei Dir zu Hause jeden Abend eine andere solche Farbkombination bewundern könntest, dann würdest Du erst nach über 109.361 Erdenjahren (!) eine Kombination erneut sehen. Aber wer weiß, ob man sich nach so langer Zeit überhaupt an das erste Mal erinnern könnte. Thema erinnern: erinnerst Du Dich noch an das Code-Wort, das Mathematiker für diese Anordnungen haben? Genau, die heißen *Permutationen*.

Ich denke, das Spielen mit den Kugeln hat Dir bestimmt viel Spaß gemacht und während des Anordnens oder des Knobelns, wie viele Möglichkeiten es gibt, hast Du Dich vielleicht auch gefragt, ob das wirklich nur Spielerei ist oder ob man dieses Zählen vielleicht noch woanders wirklich gebrauchen könnte. Du wirst staunen! Dieses Zählen von Permutation ist echt nützlich. Zum Beispiel, wenn man seine Chancen bei einem Spiel einschätzen möchte.

Lass mich mal mit einem einfachen Spiel anfangen: wir werfen eine Münze. Die hat zwei Seiten „Kopf" und „Zahl". Zeigt die Münze nach dem

Wurf „Kopf", gewinnst Du, zeigt sie „Zahl", gewinne ich. Wie gut sind Deine Chancen zu gewinnen? Das ist babyeinfach?! Stimmt. Die Münze kann nur zwei mögliche Ergebnisse zeigen: „Kopf" oder „Zahl". Und bei einem Ergebnis gewinnst Du. Wenn wir also ganz lange, am besten unendlich lange, wieder und wieder spielen, wirst Du im Schnitt die Hälfte der Spiele gewinnen. Die andere Hälfte der Spiele gewinne ich. Man schreibt dafür auch, Deine Chancen zu gewinnen sind 1:2. (2 mögliche Ergebnisse und eines davon ist gut für Dich.)

Oder wir würfeln unendlich oft mit einem ganz normalen Würfel, wie Du ihn kennst. Mit Zahlen von 1 bis 6. Du gewinnst, wenn der Würfel eine 6 zeigt und ich sonst. Dann gewinnst Du im Schnitt ein Sechstel aller Spiele. (6 mögliche Ergebnisse und nur eines davon ist gut für Dich.) Deine Chancen zu gewinnen sind also 1:6. Das ist nicht fair, meinst Du?! Na gut, dann gewinnst Du eben, wenn der Würfel eine 2, 4 oder 6 zeigt und ich sonst.

Dann gewinnst Du bei 3 der 6 möglichen Ergebnisse des Würfels. Deine Chancen zu gewinnen sind also 3:6 = 1:2, genau wie beim Münzwurf. (Stell Dir einfach vor, auf der einen Seite der Münze sind die drei Zahlen 2, 4 und 6 und auf der anderen Seite die drei Zahlen 1, 3 und 5 aufgedruckt.)

Man kann seine Chancen also ausrechnen, wenn man die Anzahl der guten Ergebnisse durch die Anzahl aller möglichen Ergebnisse teilt. Okay, ein Mathematiker würde hier wieder den Kümmel spalten und sagen: „Jaja! Das stimmt. Aber nur, wenn alle Ergebnisse auch mit der gleichen Chance auftreten können. Wenn jemand mit falschen Würfeln spielt, bei dem zum Beispiel die 1 öfter und die 6 weniger oft gewürfelt wird, dann stimmt das natürlich nicht mehr!" Aber gut, wir spielen ja fair, nicht?!

So, lieber Erdling, wir haben jetzt also gesehen, dass Deine Chancen, beim Münzwerfen zu gewinnen, bei 1:2 stehen. Jetzt stell Dir vor, wir fangen an und werfen die Münze wieder und wieder und stell Dir vor, Du verlierst gleich die ersten 10 Mal hinter einander! Klar, da wirst Du jetzt sicherlich anfangen und keine Lust mehr haben, mit jemanden zu spielen, der *offensichtlich* schummelt. Schließlich hättest Du ja eigentlich die Hälfte der Münzwürfe gewinnen sollen! Tja, da kann ich jetzt wohl lange meine Unschuld beteuern. Du wirst mir nicht glauben. Von daher lass mich versuchen, Dir zu erklären, dass es durchaus möglich ist, 10 Mal beim Münzwerfen hintereinander zu gewinnen oder zu verlieren, auch wenn es recht selten passiert. Es war halt einfach Pech (für Dich), dass dies gleich am Anfang unseres Spiels passierte. Wenn wir noch länger spielen, wirst auch Du irgendwann 10 Mal hintereinander gewinnen. Versprochen!

Also dann, lass es mich erklären. Bei jedem Wurf hat jeder von uns beiden die gleiche Chance zu gewinnen. (Wir spielen ja mit einer fairen Münze. Glaub mir!) Die Ergebnisse der einzelnen

Münzwürfe sind auch unabhängig voneinander, da die Münze ja kein Gedächtnis hat. Bei zwei Münzwürfen gibt es also insgesamt 4 mögliche Wurfergebnisse:

KK, KZ, ZK, ZZ,

wobei K für „Kopf" und Z für „Zahl" stehen soll. Alle vier Wurfergebnisse haben die gleiche Chance 1:4 aufzutreten. Bei drei Münzwürfen gibt es bereits insgesamt 8 mögliche Wurfergebnisse:

KKK, KKZ, KZK, KZZ, ZKK, ZKZ, ZZK, ZZZ,

die alle mit gleicher Chance, also 1:8 auftreten können. Und bei 10 Würfen? Wie viele mögliche Wurfergebnisse gibt es da? Puh, die könnten wir versuchen, alle einzeln aufzuschreiben, aber wir denken besser vorher mal nach, ob wir diese langweilige und langwierige Lösung auch anders hinbekommen.

   Das Ergebnis von 10 Münzwürfen können wir kurz mit

$$**********$$

aufschreiben, wobei wir für jedes * unabhängig voneinander entweder K oder Z einsetzen. Dafür gibt es genau

$$2\cdot 2\cdot 2\cdot 2\cdot 2\cdot 2\cdot 2\cdot 2\cdot 2\cdot 2 = 1024$$

Möglichkeiten. Es gibt also 1024 verschiedene mögliche Ergebnisse für 10 Münzwürfe hintereinander. Und jede dieser Möglichkeiten hat die gleiche Chance aufzutreten! Also auch die Möglichkeit ZZZZZZZZZZ, bei der Du 10 Mal hintereinander verlierst. 1:1024 ist keine wirklich große Chance, dass dies einmal mal passiert, aber es passiert eben irgendwann mal! Keiner weiß wann, aber irgendwann wird es passieren, wenn wir lange genug spielen. Bei uns passierte es nun leider ganz am Anfang. Das ging für Dich also nicht gut los. Aber wenn wir weiterspielen, wirst Du Dich irgendwann auch über KKKKKKKKKK, also 10 gewonnene Spiele hintereinander, freuen können! (Da werde ich dann wohl etwas knirschig werden.)

So unglaublich es auch klingen mag, wenn wir gaaanz lange spielen, wird es irgendwann passieren, dass jeder von uns sogar eine Million Mal hintereinander gewinnen oder verlieren wird. Einer von uns beiden wird da echt keinen guten Tag haben. Aber das passiert hoffentlich nicht heute! Also, lass uns weiterspielen und dann später glücklich einschlafen. „Kopf!" Na bitte, diesmal hast Du gewonnen.

Ganz liebe Grüße

Deine 3,7

PS: Mathematikern macht es ebenfalls keinen Spaß 2·2·2·2·2·2·2·2·2·2 zu schreiben. Schreibfaul wie sie sind, kürzen sie dies mit 2^{10} ab und lesen dies als „2 hoch 10". Ähnlich machen sie dies auch mit anderen Zahlen, also zum Beispiel 3^5 = 3·3·3·3·3. Die Chance, dass Du eine Million Mal hintereinander beim Münzwerfen verlierst, ist in dieser Geheimschrift übrigens $1:2^{1000000}$. Diese Chance ist zwar extrem klein, aber eben doch vorhanden! Und wir müssen nur lange genug spielen, um das zu auch zu erleben. Klingt unglaublich, ich weiß. Ist aber so.

WECHSELN ODER NICHT?

Lieber Erdling,

jetzt bin ich in meinem letzten Brief doch glatt vom Thema abgeschweift. Ich wollte Dir ja eigentlich schreiben, wozu Permutationen noch gut sein können. Das mache ich noch. Versprochen! In diesem Brief will ich Dir aber erst kurz eine andere Geschichte erzählen. Die ist echt verblüffend! Warum? Na, lass sie mich kurz erzählen, dann wirst Du es selbst sehen.

Hin und wieder gibt es bei uns ein großes Fest. Eine der Attraktionen ist ein Gewinnspiel. Es ist der Traum eines jeden Pirk, einmal dafür als Kandidat ausgewählt zu werden. Denn den möglichen Gewinn kann der Kandidat vor Spielbeginn selbst bestimmen! Eine Nacht in Hilberts unendlichem

Hotel. Einen Rundflug durch unsere Galaxis. Einen Kugelschreiber, der in einer der 11! Farbkombinationen des Sonnenuntergangs schreibt. Tja, such es Dir aus! Was wäre denn Dein Traumgewinn?

Nun gut, nachdem der Kandidat seinen Traumgewinn genannt hat, wird dieser Traumgewinn auf eine von 3 Karten geschrieben. Auf den anderen beiden Karten steht ganz groß „Träum weiter!" Die Karten werden anschließend verdeckt aufgehängt:

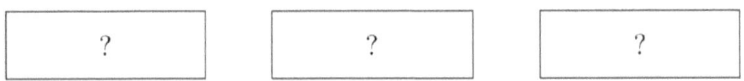

Der Kandidat darf sich nun eine Karte aussuchen, sagen wir mal, er wählt die linke Karte.

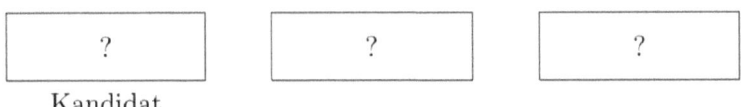

Kandidat

Ganz klar, seine Chancen, damit genau auf die Karte mit seinem Traumgewinn zu tippen, sind 1:3. Das hast Du sicherlich auch schon herausgefunden, stimmt's?! Jetzt wird es aber interessant! Nachdem der Kandidat seine Kartenwahl dem Spielleiter genannt hat, dreht der Spielleiter eine der beiden anderen Karten um, sagen wir die mittlere, und diese zeigt „Träum weiter!"

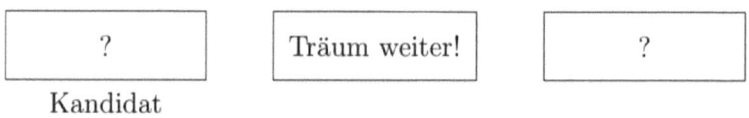

Achja, der Spielleiter weiß natürlich, unter welcher Karte sich der Traumgewinn versteckt. Er deckt den Traumgewinn also nie aus Versehen auf. Das darf er nämlich auch nicht. So sind die Spielregeln! Ich sag Dir, alle Pirks sind laut am Jubeln und drücken dem Kandidaten die Daumen, dass sein Traum Wirklichkeit wird. Der Traumgewinn steckt jetzt also entweder unter der linken oder der rechten Karte! Scheinbar eine Chance von 1:2 für den Kandidaten. Noch einmal darf sich der Kandidat jetzt entscheiden, ob er bei seiner Karte bleiben oder nicht doch lieber auf die andere Karte wechseln möchte. Die Spannung steigt! Was soll er tun???

Tja, lieber Erdling, und das ist jetzt das Verblüffende an dieser Geschichte. Du kannst sie gerne mal 10 Leuten erzählen und sie fragen, was der Kandidat tun sollte. Mindestens 9, wenn nicht gar alle 10 werden Dir sagen, dass es völlig egal ist, ob er seine Karte behält oder seine Wahl auf die andere Karte wechselt. Seine Chancen zu gewinnen sind wie beim Münzwurf 1:2. Das denkst Du auch, oder?! Aber das stimmt nicht! Grins.

Jaja, das glaubt Dir im ersten Moment keiner. Genauso wie Du mir jetzt nicht glaubst, stimmt's?! Also erkläre ich es Dir. Es ist nämlich eigentlich ganz einfach. Wir müssen wie schon zuvor lediglich alle Möglichkeiten des Spielverlaufs zählen und herausfinden, bei wie vielen davon der Kandidat gewinnt, wenn er seine gewählte Karte wechselt (oder nicht wechselt).

Nehmen wir an, der Kandidat wählt die linke Karte. (Mit den beiden anderen Karten geht die Erklärung aber genauso!) Es gibt lediglich 3 mögliche Arten, wie die Karten anfangs (verdeckt) liegen können und jede dieser Möglichkeiten hat die gleiche Chance von 1:3, sich hinter den verdeckten Karten zu verbergen.

① | Traumgewinn! | Träum weiter! | Träum weiter! |
    Kandidat

② | Träum weiter! | Traumgewinn! | Träum weiter! |
    Kandidat

③ | Träum weiter! | Träum weiter! | Traumgewinn! |
    Kandidat

Im ersten Fall könnte der Spielleiter die mittlere oder die rechte Karte aufdecken. Aber egal, welche Karte er aufdeckt: Der Kandidat gewinnt, wenn er seine Karte behält und verliert, wenn er wechselt.

Im zweiten Fall kann der Spielleiter nur die rechte Karte aufdecken, weil er weiß, dass die mittlere Karte den Traumgewinn zeigt. (Und diesen Traumgewinn darf er laut Spielregeln nicht aufdecken!) Der Kandidat verliert also, wenn er seine Karte behält und gewinnt, wenn er wechselt!

Der dritte Fall ist ähnlich wie der zweite. Der Spielleiter kann nur die mittlere Karte aufdecken, weil er weiß, dass die rechte Karte den Traumgewinn zeigt. Der Kandidat verliert also auch in diesem Fall, wenn er seine Karte behält und gewinnt, wenn er wechselt!

Damit gewinnt der Kandidat nur in einer von drei Spielsituationen, wenn er seine Karte behält! Seine Gewinnchance bei Behalten der Karte beträgt also nur 1:3. Wechselt er dagegen, so steigen seine Gewinnchancen auf 2:3. Das ist doch verblüffend, oder?! Aber wahr! Und da sich dies hier auf Pirk längst rumgesprochen hat, wechseln die Kandidaten natürlich immer ihre Karte und können sich damit sehr oft, aber eben auch nicht immer, über ihren Traumgewinn freuen!

Ach, und falls Du mir immer noch nicht glaubst, dann spiele dieses Spiel doch einfach mal mit Deinen Freunden oder Deinen Eltern. Wie Du aber schon beim Münzwerfen gesehen hast, wirst Du das Spiel wahrscheinlich sehr oft spielen müssen, bis Du mir glauben wirst, dass die Chance auf den Gewinn beim Wechseln der Karte wirklich größer ist als beim Behalten der Karte.

Bis bald
Deine 3,7

JACKPOT

Lieber Erdling,

na, hast Du letzte Nacht von Deinem Traumgewinn geträumt? Oder Dir zumindest überlegt, was Du Dir von Herzen wünschst? Dann drücke ich Dir mal die Daumen, dass sich Dein Wunsch auch ohne ein Glücksspiel mit drei Karten erfüllt!

Jetzt werde ich Dir endlich schreiben, wozu unsere Überlegungen zu Permutationen von bunten Kugeln noch nützlich sind. Ich glaube, für manche Erdlinge hat das auch etwas mit Träumen und Wünschen zu tun, auch wenn diese vielleicht besser diesen Brief nie zu lesen bekommen sollten. Denn ich werde Dir nun erklären, wie winzig die Chancen sind, im Lotto den absoluten Hauptgewinn, den sogenannten *Jackpot*, zu knacken und damit ganz viel Geld zu gewinnen. Aber vielleicht ist genau dies ja auch der Reiz beim Lotto spielen. Keine Ahnung.

Sicher, die genauen Chancen auf den Jackpot hängen natürlich davon ab, welche Art von Lotterie Du spielst. Nehmen wir also an, dass bei Deiner Lotterie 6 Zahlen zwischen 1 und 49 gezogen werden. Und für den Jackpot musst Du alle 6 Zahlen richtig vorhersagen, unabhängig von der Reihenfolge, in der die Zahlen gezogen werden. Du musst nur die Zahlen korrekt vorhersagen. Na, wie gut sind dann Deine Chancen auf den Hauptgewinn, wenn Du mit nur einen Spielschein mit 6 Zahlen an der Lotterie teilnimmst?

Ich denke, mittlerweile weißt Du schon, wie Du an diese Frage heran gehen kannst. Um Deine Chancen zu bestimmen, musst Du wissen, wie viele mögliche Ziehungsergebnisse es insgesamt gibt und bei wie vielen davon Du den Hauptgewinn absahnen würdest. Die letzte Frage ist einfach beantwortet. Nur bei dem einen Ziehungsergebnis, bei der genau jene 6 Zahlen gezogen werden, die Du getippt hast, gewinnst Du den Jackpot. Aber wie viele verschiedene Ziehungsergebnisse sind denn eigentlich möglich? Hmm, dafür müssen wir mal kurz sehr intensiv nachdenken.

Also, für die erste gezogene Zahl gibt es 49 Möglichkeiten. Für die zweite gezogene Zahl gibt es dann noch 48 Möglichkeiten. Für die dritte, vierte, fünfte und sechste gezogene Zahl sind es dann noch 47, 46, 45 beziehungsweise 44 Möglichkeiten. Insgesamt gibt es also

$$49 \cdot 48 \cdot 47 \cdot 46 \cdot 45 \cdot 44 = 10.068.347.520$$

mögliche Ziehungen. Na, das war doch einfach, oder?! „Halt! Haaalt!!!", würde da Rudi jetzt bestimmt aufgeregt rufen, wenn er nicht gerade Schmetterlingen hinterherjagen würde. Und er hätte Recht. Denn diese gigantisch große Zahl ist die Anzahl *aller* Ziehungen, aber verschiedene Ziehungen können zum gleichen Ziehungsergebnis führen, da es ja nicht auf die Reihenfolge ankommt, in der die 6 Zahlen gezogen werden! Zum Beispiel führen die Ziehungen 1, 2, 3, 4, 5, 6 und 5, 4, 3, 1, 6, 2 zum gleichen Ziehungsergebnis. (Stimmst Du mir da zu?) Aber wie viele Ziehungen führen zum gleichen Ziehungsergebnis? Grübel. Mit etwas Nachdenken würdest Du das mittlerweile sicherlich auch alleine herausfinden. Aber diesmal erkläre ich es Dir kurz.

Schauen wir uns eine Ziehung an, bei der die Zahlen A, B, C, D, E, F gezogen wurden. (Es ist völlig egal, welche Zahlen das nun genau sind. Von daher nenne ich die Zahlen einfach mal A, B, C, D, E, F.)

Jede andere Ziehungsreihenfolge wie zum Beispiel

oder

würde das gleiche Ziehungsergebnis A, B, C, D, E, F bedeuten. Und, wie viele Ziehungen gibt es, die zum Ziehungsergebnis A, B, C, D, E, F führen? Genau! Es sind jene 6! = 6·5·4·3·2·1 = 720 Permutationen dieser 6 Zahlen A, B, C, D, E, F. Ob farbige Kugeln oder Kugeln mit unterschiedlichen Buchstaben darauf, das ist nämlich prinzipiell das Gleiche, stimmt's?!

Und was heißt das nun? Naja, es gibt

$$49 \cdot 48 \cdot 47 \cdot 46 \cdot 45 \cdot 44 = 10.068.347.520$$

Ziehungen, aber je 720 = 6·5·4·3·2·1 Ziehungen führen zum gleichen Ziehungsergebnis. Es gibt also insgesamt

$$\frac{49 \cdot 48 \cdot 47 \cdot 46 \cdot 45 \cdot 44}{6 \cdot 5 \cdot 4 \cdot 3 \cdot 2 \cdot 1} = 13.983.816$$

verschiedene Ziehungsergebnisse. Deine Chance auf 6 Richtige ist damit 1:13.983.816, also fast 1:14 Millionen! Puh, das sind nicht gerade rosige Aussichten. Aber wer weiß, vielleicht hast Du ja Glück...

Was? Du hast gehört, dass bei der Lotterie in Deiner Gegend 6 Richtige alleine nicht für den Gewinn des Jackpots ausreichen?! Auch noch die letzte Ziffer Deiner Tippscheinnummer muss mit einer weiteren gezogenen Ziffer übereinstimmen? Ja, dann gibt es ja 10 Mal so viele mögliche Ziehungsergebnisse und nur eine davon würde für

Dich den Gewinn des Jackpots bedeuten. Deine Gewinnchancen sind dann nur noch mickrige 1:139.838.160, also fast 1:140 Millionen! Na, da muss man schon ein sehr glückliches Händchen beim Tippen haben! Also viel Glück!

Achja, auch in diesem Fall mögen Mathematiker nicht so viel schreiben und sie haben sich mal wieder etwas in ihrer Geheimschrift ausgedacht. Sie schreiben statt

$$\frac{49 \cdot 48 \cdot 47 \cdot 46 \cdot 45 \cdot 44}{6 \cdot 5 \cdot 4 \cdot 3 \cdot 2 \cdot 1}$$

einfach $\binom{49}{6}$ und lesen und sprechen „49 über 6".

Ich denke, Du hast das Muster entdeckt: Oben fangen wir mit 49 an und multiplizieren dann insgesamt 6 immer um 1 kleiner werdende Zahlen.

Unten fangen wir dagegen mit 6 an und multiplizieren dann 6 immer um 1 kleiner werdende Zahlen. Zum Beispiel ist dann

$$\binom{10}{3} = \frac{10 \cdot 9 \cdot 8}{3 \cdot 2 \cdot 1} = 120$$

Wahrscheinlich kannst Du Dir denken, dass dies bedeutet, dass es genau 120 mögliche Ziehungsergebnisse gibt, um 3 Zahlen aus den 10 Zahlen 1, 2, ..., 10 zu ziehen. Deine Chancen, bei dieser Mini-Lotterie alle 3 gezogenen Zahlen richtig zu tippen, sind mit 1:120 dabei gar nicht so schlecht, denke ich.

Na gut, das soll es erst einmal gewesen sein.

Bis zum nächsten Brief viel Glück und liebe Grüße!

Deine 3,7